Verhandlungspower

Jochen Sommer · Jochen Maigatter

Verhandlungspower

Taktiken
Techniken
Tricks

FALKEN

Inhalt

Teil 1
Verhandlungspower

Vorwort zu Teil 1

Erfolgreiche Kommunikation im Privatleben und Beruf wird mehr und mehr als das wichtigste Instrument zur Vermeidung und Lösung von Problemen erkannt. Nahezu alle zwischenmenschlichen Probleme der Menschheit haben eines gemeinsam: Sie können durch eine Verhaltensänderung der Beteiligten gelöst werden. Die „Verhandlung“ ist in diesem Zusammenhang eine der wichtigsten und interessantesten Formen menschlicher Kommunikation. Als direkteste Form der Problembehandlung geht es hier um die Durchsetzung von Interessen. Trotzdem gehen manche Menschen Verhandlungen aus dem Weg und vermeiden es, sich mit diesem Thema intensiv auseinander zu setzen. Viele Verkäufer, Unternehmer und Selbstständige besuchen Seminare über Motivation, Verkauf oder Körpersprache und erkennen dabei nicht, dass es oft schon allein durch Verhandlungsgeschick möglich ist, die eigene Gewinnspanne bei Geschäften deutlich zu steigern – ohne dabei auch nur ein einziges Prozent mehr zu verkaufen. Auf diese Weise steigt die persönliche Effektivität und – wenn man es richtig macht – die Zufriedenheit des Gesprächspartners.

Der erste Teil dieses Buches beschäftigt sich mit den Schritten und Taktiken, die in Verhandlungen eingesetzt werden können. Dabei werden auch Methoden aufgeführt, die mitunter unfair scheinen. Es ist hierbei von Bedeutung, bestimmte Strategien zu durchschauen und deren Wirkungen zu erkennen, um nicht selbst zum Opfer zu werden. Ihnen muss bewusst werden, welche Techniken Sie einsetzen und welche Grundhaltung Sie in eine Verhandlung einbringen. Nur dann sind Sie in der Lage zu entscheiden, bei welchen Personen Sie mit einer kooperativen oder aggressiven Strategie vorgehen. Weitere Informationen über die Themengebiete Verhandeln, Führungsgespräche, Kommunikation und Neurolinguistisches Programmieren finden Sie auch im Internet unter der Adresse www.verhandlungspower.de

Die Vorbereitung

Schriftliche Vorbereitung

Bei Verhandlungen ist häufig die Seite erfolgreicher, die die besseren Informationen über die andere Seite besitzt. Um diese Informationen auch gezielt anwenden zu können, empfiehlt es sich, wichtige Verhandlungen schriftlich vorzubereiten. Eine schriftliche Vorbereitung ist zwar in der Regel aufwendig, sie bewirkt jedoch ein konzentriertes Hinarbeiten auf die Verhandlung. Damit sind Sie in der Lage, eigene Argumente gezielt einzusetzen. Sie können wichtige Argumente bis zur Entscheidung zurückhalten und sich auch auf Einwände vorbereiten. Gehen Sie als Team in eine Verhandlung, so erleichtert eine schriftliche Vorbereitung das Abstimmen gemeinsamer Aussagen und die Darstellung eines gemeinsamen Standpunkts.

Konsequent verhandeln und Ziele abstimmen

Ebenso nützlich ist die schriftliche Nachbereitung. Finden mehrere Verhandlungen statt, machen Sie sich Notizen über die Diskussion und werten Sie diese aus. Manche Menschen neigen dazu, sich gleich während der Verhandlung Notizen zu machen. Meistens ist das störend und manchen fällt es schwer, sich dann noch voll auf die Diskussion zu konzentrieren.

Halten Sie die Ergebnisse nach der Besprechung in einem umfassenden Protokoll fest. Sie können treffende Formulierungen wählen und die wichtigen Punkte präzisieren. Entscheidungen, die Ihnen weniger am Herzen liegen, können Sie weniger präzise formulieren und Interpretationsspielräume nutzen. Viele Menschen versäumen es aus den unterschiedlichsten Gründen, wichtige Besprechungsergebnisse oder Entscheidungen festzuhalten. Als Folge dieser Nachlässigkeit kann sich später niemand mehr an die exakten Aussagen erinnern und die Umsetzung wird dann schwierig.

Strategische „Unschärfen" im Protokoll

Unternehmen und Institutionen haben diesen wichtigen Faktor genau erkannt. Deshalb werden Telefongespräche mit Kunden aufgezeichnet oder Gerichtsschreiber notieren bei Verhandlungen jede Aussage. Die Gegenseite ist dann deutlich im Vorteil, wenn sie in der Lage ist, Aussagen exakt wiederzugeben, an die sich die andere Seite nicht mehr richtig erinnern kann, plötzlich nicht mehr weiß, was sie ursprünglich gesagt hat und sich in widersprüchliche Aussagen verstrickt. Die Auswertung der Notizen hilft dann sehr.

Verhandlungsziele vorbereiten

Sehr hilfreich ist es, ein Verhandlungsziel vor jeder Verhandlung schriftlich festzulegen. Auf diese Weise sind Sie während der Verhandlung sehr sensibel für Hinweise, die die Durchsetzung Ihres Planes gefährden oder fördern. Sie wissen genau, wohin Sie wollen und erhöhen damit die Chancen, Ihre Vorstellung auch zu realisieren. Ich habe bei jeder Verhandlung einen Zettel dabei, auf dem meine genauen Ziele stehen. Es ist ein wunderbares Gefühl, wenn ich nach Verhandlungen meine Notizen zur Hand nehme und zufrieden feststelle, dass alle wichtigen Ziele erfüllt wurden (siehe auch die Checkliste „Meine Vorbereitung" im Anhang auf Seite 188).

Verträge, Vereinbarungen und Protokolle

Die Macht des geschriebenen Wortes

Menschen haben eine natürliche Neigung, Geschriebenes oder Gedrucktes als feststehende Tatsache zu werten. Sicherlich kennen Sie die Agentenfilme, in denen ein Schild mit „Außer Betrieb" am Fahrstuhl dafür sorgt, dass niemand den Fahrstuhl benutzen wird. Genauso verhält es sich mit geschriebenen Artikeln, Protokollen, Verträgen und Notizen.

Diskussionsvorlage als Überzeugungshilfe

Wenn Sie eine Verhandlung führen, können Sie Ihre Argumente wirksam dadurch unterstützen, dass Sie Ihre Forderungen schriftlich vorlegen. Die andere Seite wird während der Verhandlung immer wieder diese Vorlage anschauen und dadurch automatisch immer wieder an Ihre Forderungen erinnert. Wenn Sie Forderungen erst während einer Besprechung aufstellen können, nehmen Sie einfach ein Blatt zur Hand und notieren Sie Ihre Ergebnisse darauf. Legen Sie das Blatt so hin, dass es die Gegenseite sehen kann, oder schieben Sie es der Gegenseite ins Blickfeld. Unterstreichen Sie besonders wichtige Passagen.

Die gleiche Wirkung erzielen Sie, wenn Sie Preislisten oder Prospekte vorlegen. Alles, was da steht, wird in der Regel nicht weiter hinterfragt. Man nimmt es als gegeben hin, da man es nicht mehr verändern kann. Aus diesem Grunde sollten Sie bei einer Verhandlung auch immer schriftlich vorbereitet sein. Nehmen Sie in jedem Fall Papier und Kugelschreiber mit, damit Sie Ihre Forderungen auf diese Weise unterstreichen können. Wenn möglich, legen Sie Ihre Ansprüche schriftlich vor oder projizieren Sie mit einem Overheadprojektor und lassen Sie die Unterlagen während der Besprechung für alle Beteiligten sichtbar. Auf diese Weise untermauern Sie Ihre Anforderungen massiv.

Forderungen schriftlich vorlegen

ACHTUNG

Die Wirkung geschriebener Texte ist sehr stark. Menschen neigen dazu, selbst die absurdesten Dinge zu glauben, sobald sie niedergeschrieben wurden. Deshalb haben auch Handbücher oder Gesetzestexte auf manche Personen eine nahezu „magische" Wirkung. Da dies teilweise unterbewusst abläuft, achten Sie darauf, dass Sie selbst nicht in die Falle tappen.
Vorsicht ist also geboten, wenn die Gegenseite Ihnen Ihre Forderungen schriftlich vorlegt. Schauen Sie still über den Text und legen Sie ihn dann zur Seite. Antworten Sie nicht darauf. Drehen Sie das Geschriebene möglichst um. Wenn die Gegenseite sehr geschickt ist, hat sie jedoch ihre Forderungen beidseitig zu Papier gebracht. In diesem Fall legen Sie Ihre eigenen Notizen auf das Blatt. Vermeiden Sie in jedem Fall, dass die Forderungen der Gegenseite während der Verhandlungen in Ihrem Blickfeld bleiben.

BEISPIEL

Ich habe mich anfangs selbst häufig dabei ertappt, dass ich bei Verhandlungen die Forderungen der Gegenseite auf einem Blatt notiert habe. Wenn ein Kunde einen Preis nannte, schrieb ich ihn mir während der Besprechung auf. Während des Gesprächs habe ich dann automatisch diese Notiz gelesen und innerlich die Forderung verstärkt. Heute weiß ich, dass dies meine eigene Position schwächt. Ich achte aber sehr genau darauf, was die Gegenseite tut. Wenn sie meine Forderungen notiert, habe ich schon zur Hälfte gewonnen.

Schreiben Sie Verträge und Protokolle selbst

Während einer Verhandlung können Sie selbstverständlich Notizen machen. Achten Sie jedoch genau auf die Wirkung: Schreiben Sie in jedem Fall Ihre eigenen Vorstellungen deutlich sichtbar unter die Forderungen der Gegenseite und geben Sie Ihrem Teil eine stärkere optische Wirkung.

Achten Sie beim Notieren auf präzise Formulierungen. Wenn Sie Verträge erstellen oder Besprechungsprotokolle anfertigen, bestehen Sie nach Möglichkeit darauf, sie selbst zu verfassen. Sie erzielen so mehrere Vorteile:

- Sie vergessen wichtige Forderungen Ihrer Seite nicht.
- Sie können Ergebnisse präzise und konkret festhalten. Achten Sie unbedingt auf exakte Formulierungen, die die Gegenseite später nicht umdeuten kann.
- Sie können Ergebnisse, die nicht eindeutig beschlossen wurden, zunächst in Ihrem Sinne formulieren.
- Eventuell wird die Gegenseite aus Zeitdruck oder anderen Gründen Ihre Niederschrift akzeptieren, ohne sie genau zu studieren. In diesem Fall kommen Sie auf einfache Weise zu einem guten Ergebnis.

Starke Position durch eigene Formulierungen

Wenn Sie Verträge selbst verfassen, bringen Sie sich in eine starke Position. Die Gegenseite wird Ihnen vertrauen und Sie können sicher sein, dass der Vertrag Ihre Interessen in jedem Fall berücksichtigt. Bei Protokollen verhält es sich genauso. Einem Besprechungsprotokoll wird jedoch oft nicht die gleiche Bedeutung beigemessen. Die Wahrscheinlichkeit, dass ein Protokoll akzeptiert wird, ist deshalb ungleich größer als dies bei Verträgen der Fall ist.

BEISPIEL

Ein bekannter Unternehmer beging einmal den Fehler, einen Arbeitsvertrag von einem Angestellten schreiben zu lassen. Diesen Fehler musste er bereits nach kürzester Zeit bereuen, als sich herausstellte, dass entscheidende Punkte ausgelassen wurden. Dies stellte sich im Nachhinein als für beide Seiten unangenehm heraus, da große Bereiche des Arbeitsverhältnisses ungeklärt waren und die Interpretationen beider Seiten sehr unterschiedlich ausfielen.

Lassen Sie Verträge nach Möglichkeit von einem Sachverständigen prüfen. Dies kann ein Rechtsanwalt sein, in speziellen Fällen kommen jedoch oft auch Fachleute aus bestimmten Bereichen infrage. Bei einem Rechtsanwalt bestehen Sie möglichst auf schriftliche Zusagen und erteilen Sie einen eindeutigen schriftlichen Auftrag, der Ihre Interessen eindeutig beschreibt. Einige Anwälte neigen zu unverbindlichen Aussagen, sodass Sie im Ernstfall über keinerlei Sicherheiten verfügen. Ich habe auch schon Rechtsanwälte getroffen, die Verträge für Sachverhalte verfassten, die überhaupt nicht in ihr Arbeitsgebiet fielen. Beachten Sie daher: Niemand kann Ihre Interessen besser vertreten als Sie selbst. Studieren Sie Verträge immer selbst und bestehen Sie bei Unklarheiten auf einer Erklärung. Erklären Sie der Gegenseite ebenfalls alle Konsequenzen des Vertrages. Sonst müssen Sie sich im Nachhinein möglicherweise schwere Vorwürfe anhören und eine weitere geschäftliche oder persönliche Beziehung ist gefährdet.

Verträge prüfen lassen

Vertragsinhalte hinreichend erläutern

Beachten Sie beim Erstellen von Verträgen auch, dass die Formulierungen verständlich sind. Die Qualität eines Vertrages wird nicht durch seinen Umfang oder seinen Stil bestimmt. Die Formulierungen müssen eindeutig sein und dürfen kaum Interpretationsspielraum zulassen. Gibt es bestehende gesetzliche Regelungen, so führen Sie diese ausdrücklich auf. Ein Vertrag, der laufend auf Gesetzestexte und Paragraphen verweist, wird allerdings unleserlich. Bereits nach wenigen Wochen können Sie nicht mehr sofort feststellen, was tatsächlich vereinbart wurde. Denken Sie auch daran, dass Verträge oft von anderen Personen gelesen werden. Diese gehören vielleicht zu Ihren Mitarbeitern oder den Mitarbeitern der Gegenseite. Da diese Personen die Verhandlungen selbst nicht begleitet haben, muss der Vertrag auch für sie verständlich und eindeutig sein.

Präzise Formulierungen

Lesen Sie Verträge jedes Mal neu

Wenn Sie Verträge aushandeln, die während einer Verhandlung geändert werden, lesen Sie diese jedes Mal von vorne bis hinten durch. Unter Verwendung moderner Textverarbeitungen ist es heute leicht möglich, ganze Passagen (versehentlich) zu verändern. Durch gründliches Durchlesen nach jedem Ausdruck können Sie vermeiden, in eine solche Falle zu tappen. Erhalten Sie geänderte Vertragsfassungen per E-Mail, lassen Sie diese durch Ihr Textverarbeitungsprogramm vergleichen.

Verträge vor Veränderungen der Gegenseite schützen

Wenn Sie Verträge unterschreiben, müssen Sie vorbeugen, dass Seiten ausgetauscht werden. Hierzu können Sie ein Eselsohr links oben einknicken und den Vertrag dort heften. Auf die abgeknickte Ecke drücken Sie einen Stempel. Das nachträgliche Austauschen einzelner Seiten wird auf diese Art verhindert. Alternativ dazu können Sie jede Seite unterzeichnen.

Wenn Sie handschriftliche Veränderungen vornehmen, lassen Sie diese jedes Mal von der Gegenseite abzeichnen. Wenn Sie einen Vertrag zur Unterzeichnung verschicken, können Sie die Gegenseite bitten, diesen zuerst abzuzeichnen und Ihnen dann beide Kopien zur Unterzeichnung zurückzusenden. Diese Praxis ist im Geschäftsleben durchaus üblich; man kann Ihnen hierbei also nicht automatisch Misstrauen unterstellen.

Verpacken Sie für Sie wichtige Regelungen in allgemeinen Bedingungen

Ein psychologisch interessanter Effekt zeigt sich, wenn man wichtige Regelungen in allgemeine Geschäftsbedingungen verpackt.

Beachten Sie die Regeln des AGB-Gesetzes

Beachten Sie dabei aber, dass das so genannte AGB-Gesetz unter Umständen Ihre Regelungen ungültig werden lässt, wenn sie diesem Gesetz widersprechen. Allgemeine Geschäftsbedingungen werden oft als besonders festgefügt betrachtet.

Manche Geschäftspartner nehmen sich bei Verträgen und Angeboten Tage bis Wochen Zeit, um den Vertragstext zu prüfen. Häufig kommen sie dann nach einigen Tagen mit der Bitte, an den Verträgen die eine oder andere Formulierung zu überarbeiten. Dabei entsteht mitunter der Eindruck, dass nur widersprochen wird, um zu zeigen, dass man sich ebenfalls auf Verträge versteht. Oft sind dann folgende Verhandlungen langwierig und das Ergebnis bringt für beide Seiten keinen tatsächlichen Fortschritt. Die gleichen Personen akzeptieren dagegen häufig allgemeine Geschäftsbedingungen ohne Kritik.

Ein mögliches Problem mit allgemeinen Geschäftsbedingungen besteht für die Gegenseite darin, dass ein Angriff auf diese Bestimmungen eine offensichtliche Kritik an den Grundfesten der Geschäftspolitik des Vertragspartners darstellt. Aus diesem Grund ist ein Angriff gegen solche Bestimmungen heikler als individuell zugeschnittene Verträge zu kritisieren.

Eine weitere Eigenschaft allgemeiner Geschäftsbedingungen besteht darin, dass sie in der Regel klein gedruckt und daher viel mühsamer zu lesen sind. Deshalb machen sich manche Menschen gar nicht erst die Mühe, sie zu lesen, und akzeptieren sie stillschweigend.

Achten Sie auf das Kleingedruckte

Verpacken Sie also wichtige Klauseln in AGB und achten Sie beim Unterzeichnen von Verträgen anderer genau auf die Inhalte der allgemeinen Geschäftsbedingungen. Die Chance, dass ein kniffliger Passus in AGB akzeptiert wird, ist ungleich höher als die Akzeptanz dieses Absatzes im normalen Vertrags- oder Angebotstext.

Geben Sie keine Dateien aus der Hand

BEISPIEL

Vor einiger Zeit hatte ich eine interessante Kundenanfrage für ein schwieriges EDV-Projekt. Da es der Kunde angeblich sehr eilig hatte, verständigten wir uns darauf, dass er vorab ein Angebot ohne Unterschrift als E-Mail bekommt, um die Entscheidung noch am selben Tag herbeiführen zu können. Nachdem das Angebot abgeschickt war, ließ der Kunde zwei Tage nichts mehr von sich hören.

Am dritten Tag erhielt ich plötzlich eine Nachricht mit der Bemerkung, dass es einige Kleinigkeiten gebe, die im Angebot geändert werden müssten. Um den hiermit verbundenen Aufwand für mich möglichst gering zu halten, hatte der Kunde die Änderungen im Angebot bereits eingearbeitet und mir zur Prüfung zugeschickt.

Der aktualisierte Angebotstext war jedoch nicht mehr im Mindesten mit meinem ursprünglichen Angebot zu vergleichen. Der Anwalt des Kunden hatte nahezu jede Passage und jede Bedingung zugunsten des Kunden umgeschrieben. Alles lief im Grunde darauf hinaus, dass der Kunde die Zahlung solange zurückhalten konnte, bis er nach subjektiven Kriterien der Meinung war, dass das Projekt abgeschlossen sei.

Vertragsentwürfe als Original oder per Fax versenden

Die Lehre, die ich aus dieser Begebenheit gezogen habe, ist folgende: Wenn ich in Zukunft ein Angebot an andere Personen weitergebe, so verwende ich ausschließlich die gedruckte Form. Ist es eilig, so schicke ich dem Kunden ein Fax. Auf diese Weise vermeide ich, dass der Kunde Texte ändert, und sorge dafür, dass die Lust am Korrigieren sinkt. Wenn trotzdem Änderungen gewünscht werden, muss der Kunde dies unabhängig von meinem Text formulieren. Damit wird es für ihn problematischer, die Textänderung durchzusetzen.

Auch in diesem Fall gilt, dass der Respekt vor Gedrucktem deutlich höher ist als vor Texten, die man selbst frei ändern kann. Geben Sie deshalb niemals Dateien aus der Hand, wenn Sie vermeiden wollen, dass die Gegenseite Änderungen vornimmt.

Der Einsatz von Körpersprache beim Verhandeln

Wie bei jeder Form der direkten Kommunikation spielt auch beim Verhandeln die Körpersprache eine wichtige Rolle. Ein großer Teil der kommunikativen Informationen wird durch Körpersprache vermittelt. Daher ist es sinnvoll, wenn man die wichtigsten Regeln kennt. Der Einsatz von Körpersprache beim Verhandeln wird besonders wichtig

- bei der Begrüßung,
- beim Händedruck,
- beim Abstand und der Stellung zum Gegenüber,
- beim Blickkontakt,
- bei Unsicherheitsgesten,
- bei Überlegenheitsgesten.

Die Begrüßung

Die Begrüßung und der erste Eindruck, den man bei seinem Gegenüber hinterlässt, sind für den Fortgang der weiteren Beziehung von großer Bedeutung. In einer bekannten Studie von Gilovich und Frank (Cornell-Universität) wurde festgestellt, dass schwarz gekleideten Fußballspielern häufiger die Schuld für schwere Fouls gegeben wurde als farbig gekleideten Spielern. Das bedeutet: Schwarze Kleidung wird von Ihren Gesprächspartnern oft als aggressiv oder als Wunsch nach Dominanz interpretiert.

Kleidung verstärkt die Körpersprache

Versuchen Sie die ersten Sekunden einer Begegnung immer bewusst zu gestalten. Ein erster schlechter Eindruck lässt sich in Nachhinein nur noch sehr schwer korrigieren. Gehen Sie daher offen und freundlich auf ihr Gegenüber zu. Lächeln Sie, wenn es der Situation angemessen ist, und nehmen Sie in jedem Fall die Hände

Der erste Eindruck zählt

aus den Taschen. Sagen Sie Ihren Namen laut und deutlich, damit Ihnen in jedem Fall eine sichere und gelungene Vorstellung gelingt.

Um es noch mal deutlich zu sagen: Es gibt keine zweite Chance für den ersten Eindruck. Innerhalb der ersten vier Minuten bilden sich jede Seite ein Bild von der anderen. Diese kurze Zeit entscheidet über den Aufbau geschäftlicher, gesellschaftlicher oder freundschaftlicher Beziehungen. Sie können davon ausgehen, dass der andere eine negative Einstellung Ihnen gegenüber – wenn überhaupt – nur sehr langsam und zögerlich wieder abbauen wird. Eher wird er dazu neigen, neue Informationen über Sie so zu interpretieren, dass seine eigene erste Wahrnehmung bestätigt wird.

Der Händedruck

Bereits aus dem Händedruck Ihres Gegenübers können Sie viele Informationen über seine Person erhalten. Feuchte Hände werden als Zeichen der Unsicherheit gewertet. Sollten Sie selbst unter feuchten Händen leiden, so wischen Sie diese am besten vor einem Händedruck ab, damit Ihr Gegenüber dies nicht bemerkt. Achten Sie selbst bei anderen auf diese Geste, bevor Sie ihnen die Hand schütteln.

Feuchte Hände vermeiden

Der dominante Händedruck

Auch die Art des Griffs gibt viele wichtige Informationen. Menschen, die versuchen in Verhandlungen die Oberhand zu gewinnen, geben Ihnen in den meisten Fällen auch schon so die Hand. Bei einem dominanten Händedruck dreht Ihr Gegenüber seine Hand so, dass seine Handfläche nach unten zeigt. Personen, die das tun, sind oft Führungspersonen mit einem stark ausgeprägten Selbstbewusstsein. Wenn Ihnen ein solcher Händedruck angeboten wird, liegt Ihre Hand unten und es würde Ihnen leichter fallen, sich vor Ihrem Gegenüber zu verneigen.

Gegentaktik

Möchten beide diesen Händedruck einsetzen, so kommt es zur Pattsituation. Da es nicht möglich ist, sich so die Hände zu schütteln, empfehle ich folgende Variante: Drehen Sie Ihre Handfläche nach oben und treten Sie im selben Moment ganz nah an die rechte Seite Ihres Gegenübers. Dringen Sie also in seinen Intimbereich (30 bis 50 cm Augenabstand) ein und schütteln Sie ihm mit einem leichten Lächeln und festem Händedruck die Hand. Auf diese Weise zeigen Sie deutlich, dass Sie sich nicht unterdrücken lassen und die Herausforderung freundlich aber bestimmt annehmen werden.

Die gefährliche Variante

Eine gefährliche Variante besteht darin, blitzschnell das Handgelenk Ihres Gegenübers von oben zu ergreifen und auf diese Weise in jedem Fall die Oberhand zu behalten. Diese Geste kann unter Umständen schon als feindselig angesehen werden.

Dauer und Festigkeit des Händedrucks

Je fester jemand eine Hand drückt, desto stärker wird im Allgemeinen von der Gegenseite ein Wunsch nach Dominanz empfunden. Beachten Sie dies von Fall zu Fall. Es gibt sicherlich keinen Händedruck, der in jeder Situation richtig wäre. Bewerben Sie sich beispielsweise um eine Führungsposition oder verhandeln Sie um einen hohen Geldbetrag, so ist ein fester Händedruck ein sicheres Zeichen für die andere Seite, dass Sie bereit sind sich im Ernstfall durchzusetzen.

So wirken Sie kooperativ

Möchten Sie besonders kooperativ wirken, so passen Sie Ihren Händedruck am besten dem Ihres Gegenübers an. Wollen Sie signalisieren, dass Sie bereit sind im Notfall nachzugeben, so schwächen Sie Ihren Händedruck ein wenig ab.

Interesse oder Dominanz?

Neben dem Druck spielt die Dauer des Händedrucks eine wichtige Rolle. Je kürzer der Händedruck, desto weniger interessiert werden Sie auf die Gegenseite wirken. Halten Sie den Händedruck etwas länger, werden Sie interessierter wirken und eher Kooperation von der Gegenseite erwarten können. Halten Sie die Hand jedoch zu lange fest, wird dies oft als Dominanzwunsch verstanden, der dem anderen das Gefühl vermitteln kann, von Ihnen vereinnahmt oder gar gefangen zu werden.

Vertrauliche Gesten

Wenn Sie unsicher sind oder den anderen nicht gut genug kennen, vermeiden Sie auf jeden Fall Variationen des Händedrucks, wie zum Beispiel das Umfassen seiner Hand oder des Unterarms mit beiden Händen. Solche Gesten werden oft als Ausdruck von Freundschaft oder dem Wunsch nach Nähe verstanden. In manchen Situationen kann dies unangemessen sein.

Abstand und Stellung zum Gegenüber

Je nachdem, wie Sie sich zu Ihrem Gegenüber stellen, werden unterschiedliche Eindrücke vermittelt. Dabei gilt grundsätzlich: Je näher man sich kommt, um so stärker dringt man in den Intimbereich des anderen ein. Das kann aufdringlich und bei Unbekannten negativ wirken. Sinnvollerweise stellt man sich bei Gesprächen so, dass man den anderen mit ausgestreckter Hand gerade noch erreichen kann (etwa ein Meter Radius um die Person). Ihr Arm ist bei diesem Abstand einerseits zu kurz, um den anderen berühren zu können, ohne einen Schritt auf ihn zuzugehen. Andererseits stehen Sie so nahe, dass ein Gespräch problemlos möglich ist.

Intimbereich variiert

Je nach Wohnort Ihres Gegenübers kann der persönliche Intimbereich variieren. Kommt der Betreffende aus einer Großstadt, so wird er in der Regel engen Kontakt zu anderen Menschen gewohnt sein und weniger empfindlich reagieren. Kommt er aus ländlichen Umgebungen, braucht er häufig einen größeren Abstand, um sich wohl zu fühlen.

Geschlechtsspezifische Verhaltensweisen

Ein weiterer wichtiger Aspekt ist die Stellung zu Ihrem Gegenüber. Dabei ist folgende Grundregel nützlich. Männer stehen bei einer Unterhaltung gerne in einem Winkel von 90 Grad zueinander. Diese Stellung drückt Respekt und Nähe aus. Bei einer Frau hingegen kann eine solche Haltung als Wunsch nach größerer Nähe aufgefasst werden. Es ist deshalb im Gespräch besser, als Mann einer Frau frontal gegenüber zu stehen oder zu sitzen. Damit signalisieren Sie, dass Sie keine ungewünschte Annäherung versuchen werden und geben Ihrer Gesprächspartnerin ein hohes Sicherheitsgefühl.

Respektieren Sie die Intimzone Ihres Gegenübers, es sei denn, Sie wollen es zum Kräftemessen kommen lassen und Ihren Gegenüber provozieren. Bleiben Sie nicht stehen, wenn Ihr Gegenüber sitzt, es sei denn, Sie wollen ihn bewusst beherrschen und durch Ihre Größe Macht ausdrücken.

Wenn Sie eingeladen werden und Ihnen ein Platz angeboten wird, vermeiden Sie Stühle mit tiefen Sitzflächen und hohen Lehnen. In solchen Stühlen sind Sie in Ihren Bewegungen zu stark eingeschränkt. Bietet man Ihnen dann noch einen Kaffee an und Sie haben keinen Tisch, um die Tasse abzustellen, so können Sie die Tasse nur auf Ihrem Knie jonglieren. In diesem Fall haben Sie nur noch eine Hand für mögliche Gesten frei. Es ist sehr schwer, in einer solchen Haltung die Situation mit Körpersprache zu gestalten.

Der Blickkontakt

In nahezu allen gesellschaftlichen Bereichen wird der Blickkontakt als Zeichen des Vertrauens und der persönlichen Sicherheit gewertet. Vermitteln Sie dies, indem Sie Ihrem Gegenüber direkt in die Augen sehen. Unterstreichen Sie Ihre Kooperationsbereitschaft mit dem Anheben der Augenbrauen.

Gestaltungsmöglichkeiten

Möchten Sie den Eindruck erwecken, dass Sie das Gesagte nicht besonders interessiert, können Sie den Augenkontakt mit einem Blick zur Seite unterbrechen. Wenn Sie Ihr Gegenüber verunsichern möchten, dann brechen Sie den Blickkontakt ab, indem Sie nach oben schauen. Bei Gesprächen hält in der Regel der Zuhörende den Blickkontakt länger aufrecht als der Sprecher.

Kommt es bei einem Gespräch zum Kräftemessen, dann sollten Sie den Blickkontakt länger halten können als Ihr Gegenüber. So zeigen Sie, dass Sie bei einer Auseinandersetzung nicht nachgeben werden.

Unsicherheitsgesten

Wenn Sie herausfinden möchten, ob Ihr Gegenüber unsicher ist, sollten Sie weniger auf sein Gesicht als auf seine Gesten achten. Versuchen Sie kleine Spannungen der Hände oder Füße zu registrieren. Wenn Menschen lügen, verraten Sie sich häufig dadurch, dass Sie sich kaum noch bewegen und sich häufiger selbst berühren.

Ehrliches und falsches Lächeln

Wenn Sie herausfinden wollen, ob eine Freundschaft ernst gemeint ist, versuchen Sie das Lächeln des anderen zu ergründen. Ein falsches Lächeln erkennt man daran, dass die Augen nicht mitlachen. Wenn ein Lachen ehrlich gemeint ist, zeigen sich Lachfältchen um die Augen.

Achten Sie auf die Körperhaltung und kleinsten Bewegungen Ihres Gegenübers. Verknotete Hände oder ein ständiges Bewegen der Füße deutet häufig auf innere Unruhe und Unsicherheit Ihres Gegenübers.

Überlegenheitsgesten

Die Möglichkeit, Macht und Überlegenheit zu demonstrieren, hängt von der richtigen Körpersprache und von der Kontrolle der Zeit und des Raums ab. Lassen Sie Ihr Gegenüber warten, wenn Sie ein Gefühl der Unsicherheit erzeugen wollen, und zeigen Sie damit, dass Sie über die Zeit des anderen verfügen können.

Sitzordnung bewusst wählen

Wenn möglich, verhandeln Sie in Ihrem eigenen Büro und wählen Sie eine Sitzordnung, die Ihre vorherrschende Stellung unterstreicht. Großen Einfluss hat die Stellung Ihrer Möbel. Hochgestellte Personen sitzen oft mit Blickrichtung zur Tür, um den Raum kontrollieren zu können. Auch die Blickmöglichkeit aus dem Fenster zeigt meistens, dass es sich um eine Führungspersönlichkeit handelt. Achten Sie unbedingt darauf, dass Sie bei einem Gespräch nicht durch Sonnenlicht geblendet werden können.

Sicherheit ausstrahlen

Wenn Sie der Gast sind, gehen Sie bewusst langsam, um Sicherheit auszustrahlen. Benehmen Sie sich am besten so, als ob der Raum Ihnen gehörte, und schauen Sie sich nur langsam um. Versuchen Sie niemals gehetzt zu wirken.

Setzen Sie verlängerten Blickkontakt und den dominanten Händedruck ein, um den anderen zu verunsichern. Lässt man Sie zu lange warten, verabschieden Sie sich höflich. Nach 15 Minuten kann man sich wieder zurückziehen, wenn man einen Termin hatte. In diesem Fall können Sie das Gespräch einfach verschieben und freundlich darauf hinweisen, dass Sie gerne bereit sind, Ihren Partner bei sich zu empfangen, wenn ihm eine andere Zeit lieber ist.

Die in diesem Kapitel angeführten Hinweise sind nur ein Ausschnitt aus den Möglichkeiten für einen wirksamen Einsatz und sichere Deutung der Körpersprache. Weitere Informationen hierzu finden Sie in der Literatur oder Sie besuchen ein Seminar.

Machtfaktoren

Bei Verhandlungen ist es nahezu lebenswichtig, die Faktoren der Macht und ihren Einfluss auf sich selbst oder die Gegenseite zu kennen. Macht kann auf unterschiedliche Arten ausgeübt werden.

Belohnungs- und Bestrafungsmacht

Die Möglichkeit, andere für gewünschtes Verhalten zu belohnen und für unerwünschtes Verhalten zu strafen, kennen Sie, wenn Sie einen Hund haben. Verhält sich das Tier „brav", kann es durch eine freundliche Geste oder ein „Leckerli" belohnt werden. Durch häufige Wiederholung wird das gewünschte Verhalten verstärkt.

Verhalten und Belohnung

Daran erkennen Sie, dass jeder Mensch Belohnungsmacht wirksam einsetzen kann. Beachten Sie dabei, dass eine Belohnung um so stärker wirkt, je schneller Sie auf das gewünschte Verhalten folgt. Vorgesetzte sollten also ihren Mitarbeitern die Aussicht auf eine Gehaltserhöhung oder kleine Incentives direkt gewähren, wenn sie eine erwünschte Verhaltensweise zeigen. In einer Verhandlung loben Sie Ihr Gegenüber sofort, wenn Ihr Verhandlungspartner Ihnen entgegenkommt, und geben Sie ihm damit eine „Belohnung".

Strafen bewirken oft Widerstand

Im direkten Gegensatz zur Belohnungsmacht steht die Macht der Bestrafung. Hiermit werden unerwünschte Verhaltensweisen geahndet. Beachten Sie beim Einsatz von Bestrafungen, dass diese in der Regel weniger wirksam als Belohnungen sind und Ihr Gegenüber oft dazu reizen, massiven Widerstand zu leisten. Regimes, die auf der Angst vor Bestrafung basieren, werden oftmals Opfer ihrer Untertanen, weil diese sich irgendwann gegen ihre Peiniger wenden.

Titelmacht

Die Macht des Titels gründet am stärksten auf dem Glauben der Menschen. Personen, die über einen klangvollen Titel wie Professor, Doktor oder Vorsitzender des Vorstandes verfügen, werden mit größerem Respekt und Hochachtung behandelt. Manche Menschen neigen geradezu zur Unterwürfigkeit, und es gibt Personen, die es niemals wagen würden, am Wort eines Professors zu zweifeln. Akademische Titel helfen auch, Macht durch Fachwissen zu unterstreichen.

Führt die Gegenseite einen Titel und Sie selbst nicht, so kann es vorkommen, dass Sie von der Gegenseite nicht ausreichend anerkannt werden und diese vielleicht sogar verlangt mit einer Person zu sprechen, die den gleichen Titel führt. Nicht selten kommt es vor, dass ein Geschäftsführer nur mit dem Geschäftsführer sprechen will und den „normalen" Verkäufer als Gesprächspartner ablehnt.

Anrede mit und ohne Titel

Beachten Sie bei Ihrem Gegenüber auch die Form der Anrede. In Deutschland gehört der Doktortitel zum Namen, der Titel eines Professors jedoch nicht. Sprechen Sie daher Personen mit Doktortitel mit Herr oder Frau Doktor an, es sei denn, die Person legt auf diese Anrede keinen besonderen Wert. Lassen Sie die „richtige" Anrede weg, reagieren manche Doktores empört, da sie auf den Titel großen Wert legen und das bewusste Weglassen auf mangelnden Respekt hindeutet. Wenn Sie selbst einen Titel führen, dann lassen Sie ihn auf jeden Fall auf Ihrer Visitenkarte aufdrucken. Ansonsten nehmen Sie sich selbst die Gelegenheit, auf andere durch die Macht Ihres Titels Einfluss zu nehmen.

Charismatische Macht

Charismatische Macht ist am schwersten von allen Formen der Macht zu fassen und noch schwieriger zu erlernen. Man trifft sie besonders bei Personen, die hohe Kompetenz und Anerkennung auf ihrem Fachgebiet besitzen. Viele Künstler oder erfolgreiche Redner verfügen über dieses Charisma und haben von daher eine geradezu magische Wirkung auf andere.

Charismatische Macht durch Anerkennung

Beachten Sie, dass charismatische Macht zum größten Teil durch die Anerkennung einzelner Personen entsteht. Wenn eine Person auf Sie nicht charismatisch wirkt, weil es sich vielleicht um einen extravaganten Haarkünstler aus der Großstadt handelt, kann seine Wirkung auf manche Frau dagegen geradezu umwerfend sein. Vielleicht wirkt auch der Charme eines Sean Connery oder eines Richard Gere nicht besonders erotisierend auf Sie. Treten aber beide in „Der erste Ritter" auf, so ist manche Frau rettungslos verloren.

Macht durch Fachwissen

In der EDV sind Fachleute besonders gefragt und haben daher bei wichtigen Diskussionen – auch auf Geschäftsleitungsebene – einen großen Einfluss. Der Grund hierfür liegt darin, dass die Geschäftsleitung häufig extrem abhängig von ihrer EDV-Abteilung ist und daher das fachliche Know-how der Mitarbeiter besonders wertvoll wird. Aus diesem Grunde haben Fachleute wegen ihrer Kompetenz oft einen entscheidenden Machtvorteil.

Kaufentscheidungen beeinflussen

Auf viele Menschen wirkt überlegenes Fachwissen gerade dann, wenn sie nichts oder wenig vom Gebiet verstehen. Manche Verkäufer nutzen dies aus, indem sie Kunden zu Kaufentscheidungen bewegen, weil sie dem Wissen des Verkäufers blind vertrauen.

Eine ähnliche Situation liegt vor, wenn man es mit Rechtsanwälten zu tun hat. Oft wird die Aussage eines Rechtsanwaltes in Diskussionen als absolut akzeptiert. Die Wahrheit ist jedoch häufig, dass auch ein Rechtsanwalt keine Garantie für seine „Interpretation" geben kann. Denken Sie daran, wenn Sie das nächste Mal als Unwissender einem Fachmann gegenüberstehen.

Macht durch Position

Wenn man in manchen Unternehmen eine Position besetzt, kann man sich fast alles erlauben. Sind Sie als Pförtner in einem großen Unternehmen tätig, so sind die Besucher Ihrem guten Willen unterworfen. Auch manche Sekretärin eines Vorstandsmitglieds entscheidet in Wirklichkeit über Einstellungen und Entlassungen. Je nach Position bestimmt sie, wer wann vorgelassen wird und wer innerhalb ihres Unternehmens weiterkommt.

Die Position einer Person gibt ihr legitime Macht und Entscheidungsbefugnis. Sind Sie vielleicht Politiker? Dann haben Sie durch Ihre Position die Möglichkeit, Entscheidungen zu treffen oder wenigstens zu beeinflussen, die in manchen Fällen Millionen von Menschen treffen.

Einflussmöglichkeit und Position

Die Macht der Position gibt Ihnen legale Macht und je höher Ihre Position ist, desto stärker wird Ihre Macht. Beachten Sie jedoch, dass nicht allein die Position über den Einfluss entscheidet. In bestimmten Unternehmen gibt es große Unterschiede zwischen Inhabern bestimmter Positionen. Der eine ist vielleicht nur auf eine Position versetzt worden, um keinen Schaden mehr anrichten zu können. Es gibt in manchen Unternehmen ganze Abteilungen, die nur aus hoch gestellten Angestellten bestehen, die keine wirklichen Funktionen erfüllen. Der Grund ist, dass man hierhin die Mitarbeiter befördert, die man an anderen Stellen nicht mehr gebrauchen kann. Um solche Stelleninhaber zu erkennen, hilft oft nur die gute Kenntnis der internen Strukturen eines Unternehmens.

Emotionale Unabhängigkeit

Ein unangenehmer emotionaler Effekt stellt sich häufig ein, wenn man sich intensiv mit einer Sache beschäftigt. Man baut eine emotionale Abhängigkeit zum Ergebnis auf.

BEISPIEL

Als Schüler zählte ich nicht unbedingt zu den Besten, sondern hielt mich eher im guten Mittelfeld. Was jedoch die Effizienz meines Arbeitseinsatzes anging, befand ich mich auf jeden Fall in der Spitzengruppe meines Jahrgangs. Ich war weder bei Hausaufgaben besonders fleißig, noch bereitete ich mich intensiv auf Klassenarbeiten vor. Irgendwann hatte ich nämlich festgestellt, dass die innere Haltung wesentlich mehr zum Ergebnis beitrug als eine intensive Vorbereitung auf den Prüfungsinhalt. Gab es beispielsweise einmal eine Klassenarbeit, bei der ein gutes Ergebnis besonders wichtig war, so war ich bereits im Vorfeld sehr angespannt. Je intensiver ich mich auf die Arbeit vorbereitete, desto wichtiger wurde mir die Sache und umso vernichtender empfand ich die Möglichkeit eines Fehlschlages. Das Ergebnis war dann in der Regel weniger überzeugend, weil ich zu nervös und unsicher war.
Das Gegenteil war oft der Fall, wenn mir der Ausgang der Arbeit weniger wichtig war. Je weniger mich eine Sache emotional verunsichern konnte, desto besser waren meine Ergebnisse.

Emotionale Abhängigkeit raubt Kräfte

Wenn Sie in Verhandlungen eine emotionale Beziehung zum Ausgang der Verhandlung aufbauen, laufen Sie Gefahr, die Verhandlungen zu verlieren. Sie werden leichter nervös und aus Angst zu verlieren auch noch verletzlich. Dieser – zusätzliche – innere Kampf mit sich selbst kann Ihnen wichtige Kräfte rauben.

Widerstehen Sie Einschüchterungsversuchen

Es lohnt sich also, emotional unabhängig und dadurch objektiv beim Verhandlungsgegenstand zu bleiben. Lassen Sie sich nicht von der Gegenseite einschüchtern. Versuchen Sie bei verbalen Angriffen die Wogen zu glätten. Oft ist Ihr Opponent nicht wirklich böse auf Sie persönlich, sondern auf Ihr Unternehmen oder die Situation an sich. Deshalb sollten Sie Angriffe auch nicht persönlich nehmen.

Lernen Sie daher sich in angespannter Situation zu entspannen und eine Haltung einzunehmen, die man als „dissoziiert" bezeichnet. Hierzu können Sie versuchen, sich ein Bild der Situation vorzustellen, indem Sie sich selbst ein wenig von der Situation entfernt sehen. Diese Betrachtung von außen kann Ihnen dabei helfen einen emotionalen Abstand herzustellen und den notwendigen Überblick zu behalten.

Seien Sie bereit jederzeit auszusteigen

Wenn Sie einmal den Punkt überschritten haben, an dem Sie sich selbst sagen „Jetzt werde ich auf keinen Fall mehr aussteigen!" haben Sie möglicherweise den Rest der Verhandlungen schon verloren. Wenn Sie zum Beispiel ein Haus kaufen möchten und sich in das Objekt verlieben, sind Sie plötzlich bereit hinzunehmen, was Sie bei objektiver Betrachtung niemals akzeptieren würden. Sie sind zu persönlichen Nachteilen bereit, nur um in jedem Fall ein Geschäft abzuschließen. Auf diese Weise können Sie keine Verhandlungen gewinnen. Seien Sie sicher, dass Ihr Gegenüber ein solches Verhalten immer bemerkt und zum Vorteil nutzt.

Ihre Befindlichkeit wird ausgenutzt

Lernen Sie deshalb, jederzeit aus einer Verhandlung auszusteigen, und gehen Sie niemals sofort auf ein Angebot an. Wenn ein Kunde Ihre Leistung erfragt, zeigen Sie Bereitschaft, jedoch keine sklavische Unterwürfigkeit. Signalisieren Sie, dass Sie möglicherweise Zeit haben und bereit wären, die Leistung zu erbringen.

In einer Verhandlung ist Ihre Grundhaltung wichtig. Kommen Sie zur festen Überzeugung, dass es nichts geben kann, was Sie am Weitermachen hindert: Es gibt weder ein Geschäft noch einen Kunden oder Mitarbeiter, ohne den Sie nicht weiter existieren können. Sagen Sie sich, dass Sie in der Lage sind, für jedes Problem eine Lösung zu finden. Unter Druck setzen lassen Sie sich nicht. Somit sind Sie immer bereit auszusteigen, wenn die geforderten Bedingungen für Sie nicht akzeptabel sind. Wenn nötig, geben Sie der Gegenseite zu verstehen, dass Sie bereit sind auszusteigen, doch versuchen Sie immer, die Verhandlungen zu einem Ergebnis zu führen, ohne tatsächlich gehen zu müssen.

Nicht unter Druck setzen lassen

Die folgende Geschichte zeigt, wie stark die Wirkung auf ein Gegenüber ist, wenn man den Eindruck erweckt, dass man bereit ist, ein Gespräch abzubrechen.

BEISPIEL

Ein Unternehmer hatte vor einiger Zeit die Absicht, einen Teil seines Unternehmens zu verkaufen. Dabei wurde er von einer Maklerin besucht, die auf solche Verkäufe spezialisiert war. Im Gespräch wies die Dame immer wieder darauf hin, dass sie nur interessiert sei, mit Kunden zusammenzuarbeiten, die an einem ernsthaften Verkauf ihrer Firmenanteile interessiert wären. Sie müsste sich immer erst davon überzeugen, ob die Verkaufsabsicht tatsächlich ernst gemeint sei, bevor Sie den Auftrag akzeptiere.

Nach der Bewertung des Unternehmens und der Festlegung des Kaufpreises zögerte mein Bekannter kurz, da er über den Kaufpreis ein wenig erstaunt war. Daraufhin zog die Dame ihr Angebot sofort zurück: „Ich habe den Eindruck, dass Sie zögern. Wie ich Ihnen jedoch gesagt habe, bin ich nur bereit Ihr Angebot aufzunehmen, wenn Sie tatsächlich verkaufen möchten. Da Sie aber zögern, scheinen Sie es offensichtlich doch nicht so ernst zu meinen. Ich glaube, es ist besser, wenn wir die Sache lassen."

Die damit erzielte Wirkung war erstaunlich. Sofort begann der Unternehmer die Maklerin zu beschwichtigen: „Hören Sie. Ich habe nur einen kurzen Moment überlegt, da ich heute zum ersten Mal eine genaue Vorstellung über den erzielbaren Preis erhalte. Natürlich möchte ich gerne verkaufen, aber ich brauche ein wenig Zeit, um zu überlegen, ob der Preis akzeptabel ist." Die Maklerin reagierte selbstverständlich wieder zurückhaltend: „Wenn Sie tatsächlich interessiert wären, dass ich Ihr Angebot meinen Kunden vorstelle, dann hätten Sie doch bereits eine genaue Vorstellung entwickelt und würden nun nicht zögern." Darauf entgegnete der Unternehmer, er sei fest entschlossen den Anteil zu verkaufen, und dass der Preis dann wohl angemessen sei. Die Wirkung dieser Taktik erstaunte mich. Schließlich sollte die Maklerin damit beauftragt werden, die Interessen des Käufers zu vertreten. Stattdessen erzeugte Sie Druck, indem Sie damit drohte „ihren Kunden" das Angebot nicht weiterzuleiten. Damit leitete Sie das Interesse des Unternehmers, einen hohen Kaufpreis zu erzielen, in eine andere Richtung. Er versuchte nun zu vermeiden, dass sein Angebot gänzlich abgelehnt wurde. Natürlich hätte er jederzeit einen anderen Makler beauftragen können, doch war es ihm in dieser Situation sehr unangenehm, eine Schwäche zu zeigen, und so ließ er sich zu einer schnellen Entscheidung bewegen, ohne noch einmal darüber nachzudenken.

Stärkemessen der Positionen

An dem gezeigten Beispiel sieht man sehr deutlich, dass der Unternehmer seine Position enorm geschwächt hat, als er versuchte die Maklerin zu beschwichtigen und das Gespräch weiterzuführen. Die Maklerin hingegen hatte sich eine sehr starke Position verschafft, indem sie deutlich gezeigt hat, dass sie bereit war, auf den Auftrag gänzlich zu verzichten, sofern ihre Bedingungen nicht akzeptiert würden.

Preisverhandlungen

Viele Menschen haben Probleme damit, für erbrachte Leistungen von anderen Geld zu verlangen. Es gibt Verkäufer, die kaum etwas mehr fürchten als Verhandlungen über Konditionen und Preise. Dabei handelt es sich bei dieser Angst um eine emotionale Reaktion, die auf den ersten Blick nicht zu verstehen ist.

Preisnennung

Wohl Fühlen beim Preisnennen

Zu den wichtigsten Eigenschaften eines Verhandlungsführers gehört es, beim Nennen des Preises überzeugend aufzutreten und sich dabei wohl zu fühlen. Und was werden nicht alles für Tricks empfohlen, wie sich der Verhandlungsführer beim Nennen des Preises verhalten soll! Manche Berater empfehlen, vor dem Aussprechen des Preises tief Luft zu holen. Dann wird der Preis genannt und im Plauderton weitererzählt. Am besten wird gleich erwähnt, was der Kunde für diesen Preis noch alles erhält: „Das kostet 1000 €, dafür erhalten Sie das Produkt innerhalb von zwei Tagen per Express frei Haus."

Als Nachteil wird in Kauf genommen, dass der Kunde keine Möglichkeit hat, den Preis gebührend zu würdigen. Stellen Sie sich einmal vor, Sie wären bei einem Rechtsanwalt und erhalten nach der Honorarfrage folgende Antwort „Ich berechne 450 € pro Stunde und Sie bekommen auch noch eine wertvolle Kette für Ihre Frau und eine Spielzeugkiste für Ihre Kinder!" Würden Sie jemandem vertrauen, der seine Preise so rechtfertigen muss?

Rechtfertigung des Angebots

Manipulationstechniken

Manche Kunden lieben es, Verkäufer zum Schwitzen zu bringen. Sie lassen sie zunächst die Präsentation zu Ende bringen und sagen dann: „Ja, das ist ja alles gut und schön. Aber mit Ihren Preisen liegen Sie eindeutig zu hoch!“ Der arme Verkäufer bricht dann vielleicht innerlich in Panik aus, weil er das Geschäft für verloren hält, wenn er nicht nachgibt. Der Kunde lehnt sich derweil bequem zurück und genießt die spürbare Panik beim Verkäufer.

Manche Kunden lieben diese Situation geradezu. Sie versuchen sogar, auf diese Art den günstigsten Anbieter zu manipulieren und wollen eine weitere Preisreduzierung ereichen.

Auch für diese Situation gibt es zahlreiche Tipps, die immer wieder in Verkaufstrainings gelehrt werden.

Stellen Sie Gegenfragen. „Warum sind wir zu teuer?“ oder „Im Verhältnis wozu sind wir zu teuer?“. Gehen Sie davon aus, dass der Kunde sicherlich vorbereitet ist und immer eine Antwort parat hat. Ich habe bisher von keinem Verkaufstrainer gehört, der erwartet hat, dass der Kunde antwortet: „Da fällt mir nichts ein. Sie haben Recht, wir zahlen den Preis. Entschuldigen Sie bitte, dass wir versucht haben zu handeln!“ Stattdessen wird immer eine Verhandlung entstehen, in der Sie Ihre Preise immer weiter rechtfertigen müssen und Ihre eigenen Zweifel dabei größer werden.

Selbst von eigenen Preisen überzeugt sein

Der erste Lernschritt ist: Lernen Sie, selbst von Ihren Preisen überzeugt zu sein. Denn sonst können Sie auch nicht erwarten, andere davon zu überzeugen.

Kostenlose Angebote

Wie oft haben Sie für andere schon kostenlose Dienstleistungen erbracht und natürlich auf die Frage nach der Vergütung geantwortet „Von meinen Kunden nehme ich 100 €, aber für dich ist es kostenlos!“

BEISPIEL

Eine für mich lehrreiche Situation hatte ich vor einiger Zeit, als mich ein ehemaliger Freund, von dem ich jahrelang nichts gehört hatte, anrief, weil er Probleme mit seiner EDV-Anlage im Betrieb hatte. Ich fuhr auf dem Nachhauseweg bei ihm vorbei und brachte seine EDV-Anlage innerhalb einiger Minuten wieder zum Laufen. Er erzählte mir, dass er am Vortag 750 € für einen Techniker bezahlt hatte, der das nicht geschafft hätte. Als ich laut mein Erstaunen äußerte, was ich hätte verdienen können, schlug er vor, dass er mich einmal zum Essen einladen wolle. Er hätte da einen Geheimtipp ganz in der Nähe. Wir verabredeten uns für den nächsten Tag. Zum Essen brachte er seine Lebensgefährtin mit. Der so genannte Geheimtipp stellte sich als gewöhnliche Wirtsstube heraus, die allerdings ein wenig versteckt lag. Als wir beim Bezahlen gefragt wurden, wie die Rechnung aufzuteilen sei, antwortete er sofort: „Ich zahle zwei Essen", womit er sein Essen und das seiner Lebensgefährtin meinte. Ich durfte nun selbst bezahlen.

Freundschaftsdienste

Sicherlich kennen Sie ähnliche Situationen, in denen Sie anderen einen wertvollen Dienst erwiesen haben. Vielleicht erwarten Sie dafür im Privatleben eine kleine Anerkennung oder rechnen die Leistung als Freundschaftsdienst ab. Im Geschäftsleben wird das normalerweise durch das Berechnen eines angemessenen Preises ohne Gewissensbisse erreicht.

Wie geht es Ihnen eigentlich, wenn Sie für 1 € ein Päckchen Kaugummi an der Ladenkasse kaufen? Wahrscheinlich ist das für Sie nichts Besonderes. Wie aber geht es Ihnen, wenn Sie sich gerade einen Urlaub für 10 000 € leisten oder endlich das lang ersehnte Auto kaufen, von dem Sie seit Jahren träumen? Sie fühlen sich wahrscheinlich fantastisch und haben den Eindruck, dass Sie etwas ganz Besonderes für Ihr Geld bekommen haben. Genauso verhält es sich mit erbrachten Leistungen: Wenn Sie für eine Leistung Geld verlangen, wird der andere wissen, dass er etwas Besonderes bekommen hat. Wenn Sie viel Geld berechnen, weiß er, dass er etwas Wertvolles erhalten hat. Wenn Sie kein Geld verlangen, so besteht das Risiko, dass noch mehr kostenlose Leistungen von Ihnen gefordert werden.

Leistungen kosten Geld

Erlauben Sie dem anderen seine eigene Welt

BEISPIEL

Wir hatten einmal eine Mitarbeiterin beschäftigt, die die Tagespreise für unsere Berater als zu hoch ansah. Ich musste ihr mehrmals erklären, dass Sie sich an unsere Preisliste zu halten und den Kunden keine anderen Preise zu nennen habe. Daraufhin hielt Sie sich zwar tendenziell an die Vorgabe. Sobald es aber einmal notwendig war ein Angebot individuell anzupassen, lag sie weiterhin zu niedrig. Dabei verwechselte sie manchmal Stundensätze mit Tagessätzen und ließ häufig Nebenkosten für Einarbeitung und Fahrtkosten unberechnet. Auf diese Weise waren zwei Drittel ihrer Angebote zu niedrig kalkuliert und mussten nachgebessert werden. Natürlich war es für Kunden leicht, ihr die Bestätigung zu entlocken, dass die Preise überhöht seien. Dies stimmte jedoch meist nicht, da wir in bestimmten Bereichen deutlich unter denen der Mitbewerber lagen.

Persönliches Verhältnis zum Geld respektieren

Das Phänomen, dass der eigene Umgang mit Geld bzw. das Privatvermögen als Grundlage für Verhandlungen gesehen wird, findet man häufig bei unerfahrenen Mitarbeitern. Ein Verkäufer an der Börse, der über 10 000 € Ersparnisse verfügt, kann es nur schwer nachvollziehen, dass es Menschen gibt, die 10 Millionen oder mehr anlegen wollen. Er wird es deshalb wahrscheinlich gar nicht erst versuchen, dem Kunden eine solche Geldanlage zu verkaufen. Sie dürfen niemals davon ausgehen, dass andere dieselben finanziellen Bedingungen haben wie Sie. Die Tatsache, dass Sie selbst eventuell nicht genügend Geld haben, bedeutet nicht, dass es anderen genauso geht.

Der Teufel ist man selbst

Den beschriebenen Situationen können Sie entnehmen, dass Preisverhandlungen auch von den eigenen Vermögensverhältnissen geprägt sind. Viele Menschen haben Angst, dass sie mit einem zu hohen Preis dem anderen schaden und ihm etwas Wichtiges wegnehmen könnten. Dabei vergessen sie gerne, dass der andere seine eigene Einschätzung der Situation hat. Vielleicht ist ihm die angebotene Leistung viel Geld wert. Dies ist gar nicht so ungewöhnlich. Viele Organisationen planen ihre Budgets nach dem Verbrauch des Vorjahres; deshalb muss am Ende des Jahres möglicherweise Geld effektiv „vernichtet“ werden.

Denken Sie einmal an die Menschen, die sich gerne mit ihrem Geld im Fernsehen zeigen. Ich bin immer wieder erstaunt, wenn ich feststelle, dass jemand 500 € für eine Vase ausgibt, die er für 7 € bei einem Discounter bekommen hätte. Manche Leute geben für Schnickschnack unglaublich viel Geld aus. Einige Filmschauspieler sind regelrecht stolz darauf, dass sie einkaufssüchtig sind. Sie protzen damit, dass sie jede Woche für eine halbe Million Euro schöne Kleider einkaufen, die sie wahrscheinlich niemals anziehen werden. Oder beobachten Sie andere beim Einkaufen und schätzen Sie ein, ob Sie bereit wären, für die gleichen Sachen ebenso viel Geld auszugeben. Daraus lässt sich ableiten, dass Geld hauptsächlich eine Sache der persönlichen Einstellung ist und der Wert einer Sache oder Dienstleistung daran gemessen wird. Wenn jemand etwas wirklich haben will, ist er in der Regel auch bereit, dafür den geforderten Preis zu bezahlen. Daraus resultiert, dass der Anbieter kein schlechtes Gewissen haben muss. Das Gefühl, das Richtige gekauft zu haben, ist vielen Kunden sehr wichtig. Wenn Sie dieses Gefühl verstärken können, haben Sie zufriedene Kunden.

Geld – eine Sache der persönlichen Einstellung

Gegentaktik

Um eine wirksame Gegentaktik (damit Sie nicht Opfer Ihrer eigenen Kauf- oder Verkauflust werden) entwickeln zu können und damit erfolgreiche Verhandlungsführung zu erlernen, sollten Sie sich dessen bewusst sein, dass der Gegenspieler nicht auf der anderen Seite, sondern in Ihnen selbst steckt. Dieses Wissen macht es Ihnen leicht, Geld für Ihre Leistung zu verlangen.

30-Tage-Übung

Tun Sie versuchsweise in den nächsten 30 Tage nichts, ohne dafür Geld zu verlangen. Vielleicht nehmen Sie einen Anhalter mit? Sagen Sie ihm, dass Sie ihn nur mitnehmen, wenn er dafür einen gewissen Betrag bezahlt. Wenn Sie einem Bekannten helfen, verlangen Sie dafür eine Vergütung. Lernen Sie, sich dabei gut zu fühlen und Ihre Leistung als etwas Besonderes anzusehen. Fordern Sie immer ein bisschen mehr als Sie tatsächlich haben wollen. Versuchen Sie aber nicht das Letzte aus anderen herauszuquetschen, da sich das auch gegen Sie richten kann. Lernen Sie Ihre Leistung gegenüber dem anderen angemessen zu vertreten. Auf diese Weise können Sie allmählich Ihre Einstellung ändern und dem Gegenüber fest in die Augen blicken, wenn Sie Ihre Forderung stellen.

Lassen Sie sich für Ihre Leistung bezahlen

Dann brauchen Sie nicht Luft zu holen, denn es ist wahrscheinlich, dass Ihr Preis akzeptiert wird. Sie müssen nun auch nicht mehr über den Preis verhandeln, denn Sie haben ihn bereits vorher bestimmt.

Eröffnungstaktiken

Akzeptieren Sie niemals das erste Angebot

Kaufen ohne Widerstand

Stellen Sie sich Folgendes vor: Sie möchten von einem Unbekannten eine wertvolle Uhr kaufen und fragen ihn nach dem Preis. Sie wissen, dass die Uhr mindestens 2 000 € wert ist, bieten jedoch nur 800 €. Sie wissen, dass der andere immer mehr verlangt, als man selbst erwartet. Dabei haben Sie eine persönliche Preisvorstellung von 1 400 €.

Was erwarten Sie jetzt von dem Verkäufer? Wahrscheinlich war es schon nicht leicht für Sie, mit gutem Gewissen 800 € für eine Uhr zu bieten, die 2 000 € wert ist. Sie sind also innerlich bereits auf den Widerstand des Verkäufers vorbereitet und warten darauf, im folgenden Handel Ihre Argumente und Taktiken anzuwenden. Doch der Verkäufer sagt nur ein einziges Wort: „Akzeptiert!"

Wie fühlen Sie sich nun? Eigentlich müssten Sie ja ein gutes Gefühl bei einem solchen Handel haben, da Ihr niedriges Angebot ohne Widerstand angenommen wurde. Wahrscheinlicher ist jedoch, dass Sie plötzlich misstrauisch werden. Vielleicht stellen Sie sich eine der folgenden Fragen: „Mit dieser Uhr stimmt wohl etwas nicht? Vielleicht ist es eine Fälschung?" – „Möglicherweise handelt es sich um eine gestohlene Uhr, deshalb ist Sie billiger. Falle ich eventuell auf einen Betrüger herein?" – „Hätte ich 500 € verlangt, so hätte er wahrscheinlich auch akzeptiert. Oder wäre möglicherweise ein noch niedrigerer Preis möglich gewesen?"

Misstrauen

Sie beginnen misstrauisch zu werden. Vielleicht wird dieses Misstrauen so groß, dass Sie sich tatsächlich betrogen fühlen und von dem Kauf lieber zurücktreten. Doch was ist, wenn es sich tatsächlich nur um einen völlig verzweifelten Verkäufer handelt, der die Uhr einfach nur zu jedem gebotenen Preis verkaufen muss?

Vielleicht sind Sie einmal selbst als Verkäufer tätig und haben mit einem Kunden bereits mehrere Verkäufe einer Ware zu einem gleich bleibenden Preis getätigt. Eines Tages kommt der Kunde zu Ihnen und teilt Ihnen mit, dass er einen um zehn Prozent niedrigeren Preis für die Ware zahlen möchte. Er begründet seine Forderung nicht, sondern schaut Sie dabei nur fest an. Sie befinden sich vielleicht gerade in einer schlechten Stimmung, sodass Ihr Widerstand sofort gebrochen ist und Sie sich sagen hören: „Ja, das lässt sich machen. Zehn Prozent sind in Ordnung."

Verkaufen ohne Widerstand

Was wird der Kunde nun von Ihnen denken? Wahrscheinlich wird er mindestens zwei Gedanken haben: „Hätte ich nur schon früher gefragt. Ich bin von diesem Verkäufer ja richtig abgezockt worden. So einfach zehn Prozent nachgelassen und ich habe die ganze Zeit zu viel bezahlt! Na warte." – „Wenn dieser Verkäufer so einfach auf meine Forderungen eingeht, kann ich mit Sicherheit noch einiges mehr heraushandeln. Wir sehen uns wieder, dann wollen wir mal sehen, ob da noch mehr drin ist."

Mit einem Käufer zu verhandeln, der möglicherweise eine solche Meinung von Ihnen hat, wird sehr schwer. Zum einen respektiert er Sie als Person nicht mehr unbedingt, zum anderen wird er glauben, dass er von Ihnen in der Vergangenheit übervorteilt worden ist. Man wird Ihnen vielleicht sogar Aggressionen entgegenbringen, obwohl Sie erwarten, dass der Kunde Ihnen für Ihr Entgegenkommen dankbar sein sollte.

Zeigen Sie Widerstand

Machen Sie immer ein Gegenangebot

An den Beispielen sieht man deutlich, dass es einem Käufer sehr unangenehm werden kann, wenn man das erste Angebot ohne Widerstand akzeptiert. Menschen sind zu Beginn einer Verhandlung immer auf Widerstand eingestellt und zeigen sich innerlich und manchmal auch nach außen enttäuscht, wenn die andere Seite sofort akzeptiert. Je geschickter und erfahrener ein Verhandlungspartner dabei ist, desto größer wird seine Enttäuschung sein. Er hatte damit gerechnet, verhandeln zu müssen. Und was geschieht nun? Da der Widerstand fehlt und sich doch starke persönliche Schwächen beim Gegenüber zeigen, kann jetzt keine Verhandlung mehr zustande kommen.

Wenn Sie als Vorgesetzter bei Ihren Mitarbeitern vorschnell zu Zugeständnissen bereit sind, werden sie das Entgegenkommen im-

Gehaltsverhandlung

mer wieder ausnutzen wollen. Stellen Sie sich vor, ein Mitarbeiter verlangt in einem Mitarbeitergespräch 500 € Gehaltserhöhung. Sie denken sich, dass Sie mit 400 € einverstanden wären und bieten daher 300 € an, um sich in der Mitte zu einigen. Ihr Mitarbeiter ist jedoch sofort mit 300 € einverstanden. Wahrscheinlich wären Sie auch mit 200 € zufrieden aus diesem Gespräch herausgekommen.

Was aber denkt vielleicht Ihr Mitarbeiter? Vielleicht ist er mit den 300 € tatsächlich sehr zufrieden, jedoch wird er sich für das nächste Mal einprägen, dass er einfach etwas mehr verlangen sollte, als er tatsächlich erwartet. Sie werden also beim nächsten Mitarbeitergespräch einfach eine höhere Forderung gestellt bekommen. Kinder reagieren übrigens ähnlich wie der beschriebene Angestellte. Sie lassen sich nur dann richtig erziehen, wenn man ihnen rechtzeitig ihre Grenzen setzt.

Die Grenzen ausloten

Gehen auch Sie davon aus, dass ein Mensch immer versuchen wird Ihre Grenzen zu erkunden. Dabei wird Widerstand geradezu erwartet. Manche Menschen sind besonders hartnäckig und geben niemals ganz auf. Akzeptieren Sie gleich den ersten Vorschlag, können Sie sicher sein, dass Ihnen künftig in Verhandlungen immer weniger Respekt entgegengebracht wird. Und mit hundertprozentiger Wahrscheinlichkeit fallen bei neuen Verhandlungen die ersten Angebote der Gegenseite immer aggressiver und unverschämter aus.

BEISPIEL

Einer meiner Seminarteilnehmer berichtete mir, wie er nahezu seinen gesamten Einfluss in seiner Firma verloren hatte. Durch einen in seinen Augen „kooperativen Managementstil" ließ er seinen Mitarbeitern von Anfang an große Freiräume. Er ging davon aus, dass die Mitarbeiter selbst entscheiden könnten, wie sie ihre Arbeit zu erledigen hätten, und dass Strafe die Motivation zerstöre. Die Mitarbeiter hingegen testeten regelmäßig die Grenzen der Gutwilligkeit ihres Chefs. Bei allen möglichen Gelegenheiten forderten sie von ihm kleine Zugeständnisse, die dieser meistens sofort akzeptierte. So erreichten die länger beschäftigten Mitarbeiter immer mehr persönliche Freiräume und ignorierten die Wünsche und Anweisungen ihres Chefs. Das

Problem ließ sich nur noch dadurch lösen, dass der Vorgesetzte seinen Führungsstil radikal änderte. Der „kooperative Stil" wurde durch ein strafferes System ersetzt, bei dem die Mitarbeiter tatsächlich Konsequenzen zu fürchten hatten, wenn sie ihre Arbeit nicht einwandfrei erledigten. In Mitarbeitergesprächen werden seither Kriterien aufgestellt, die zwar eine gegenseitige Einigung voraussetzen, jedoch stärker an den Interessen des Unternehmens ausgerichtet sind.

Freuen Sie sich niemals zu früh

Zeigen Sie Kaufwiderstand

Wenn Sie beabsichtigen, sich ein Angebot erstellen zu lassen, so reagieren Sie immer so, als ob Sie sich nicht ganz sicher wären, das Angebot wirklich zu wollen. Geben Sie der anderen Person das Gefühl, dass zwar Interesse besteht, Sie jedoch nicht begeistert sind. Erwecken Sie bei der Gegenseite das Gefühl, dass Sie von dem Angebot überzeugt werden wollen. Wenn Sie etwas kaufen möchten, zeigen Sie ein wenig Widerstand gegen den Kauf.

Auf diese Weise erreichen Sie, dass die andere Seite sich darauf konzentrieren muss, Ihren Widerstand zu verringern. Ihr Gegenüber kann in einer solchen Situation kaum besondere Forderungen an Sie stellen und wird Ihnen nach Möglichkeit sogar entgegenkommen. Zeigen Sie hingegen ein übereifriges Interesse an einem Kauf, kann die Gegenseite dies dazu nutzen, um Sie weiter unter Druck zu setzen.

BEISPIEL

Menschen reagieren bei Kaufentscheidungen häufig nach dem folgenden Muster: Zunächst überlegen sie lange Zeit, ob sie einen Kauf wirklich tätigen möchten. Schließlich treffen sie von einem Moment auf den anderen eine Entscheidung. Von diesem Moment an können sie kaum noch abwarten und handeln fast wie unter innerem Zwang. Sie möchten das Produkt möglichst sofort haben und zeigen sich enttäuscht, wenn die Lieferung einige Zeit in Anspruch nehmen kann. Ein geschickter Verkäufer nutzt dieses starke Verlangen des Käufers zu seinem Vorteil.

Halten Sie sich beim Kauf „bedeckt"

Zeigen Sie deshalb niemals ein eindeutiges Kaufinteresse. Stellen Sie sich einmal vor, Sie fahren morgen in den Urlaub und brauchen noch neue Koffer, weil Ihre Katze die alten für ihre persönlichen Zwecke missbraucht hat. Nun ist es vielleicht 19 Uhr und Sie müssen noch losziehen. Wenn Sie jetzt dem Verkäufer erzählen, dass Sie die Koffer unbedingt brauchen, kann es passieren, dass der Verkäufer die Situation nutzt, um Ihnen seine Ladenhüter zu einem besonders hohen Preis zu verkaufen. Bedenken Sie dabei, dass es selten möglich ist, das beste Produkt zum günstigsten Preis sofort zu bekommen. Es wäre günstiger zu erwähnen, dass Sie Interesse an neuen Koffern haben. Sagen Sie, dass Sie gerne heute noch eine Entscheidung treffen möchten, jedoch bereit sind einige Tage zu warten oder auch ein anderes Geschäft aufsuchen werden, wenn Sie nichts Passendes zu einem günstigen Preis finden können. Auf diese Weise motivieren Sie den Verkäufer dazu, nur qualitativ hochwertige Ware zu einem günstigen Preis anzubieten.

Der widerspenstige Verkäufer

Sind Sie selbst in der Rolle des Verkäufers, so können Sie mit dieser Taktik den Käufer zu besseren Angeboten bewegen. Wenn Sie gefragt werden, ob Sie Ihr Auto verkaufen möchten, erhöhen Sie Ihre Chancen auf einen guten Preis, wenn Sie sagen: „Nun ja, eigentlich hänge ich sehr an dem Fahrzeug und möchte es nur ungern verkaufen". Sagen Sie hingegen „Oh ja, gerne. Ich dachte schon, ich würde gar keinen Käufer mehr finden", wird die Gegenseite versuchen den Preis auf das Äußerste zu drücken.

Geben Sie die Bedingungen vor

Mit diesem Verhalten können Sie den Käufer bereits vor der eigentlichen Preisverhandlung dazu bringen, mit einem möglichst hohen Angebot zu starten. Sie definieren so die Rahmenbedingungen und signalisieren Ihre Bereitschaft die Verhandlung abzubrechen, wenn Ihre Vorstellungen nicht erfüllt werden. Dadurch bringen Sie sich in eine sehr starke Position.

Am besten machen Sie es sich zur Gewohnheit, auf alle Angebote und Anfragen immer mit einem gewissen Widerstand zu reagieren. Sagen Sie „Ich bin eventuell interessiert. Aber das kommt ganz auf Ihr Angebot an." Bei professionell geführten Verhandlungen werden Sie dieser Grundhaltung immer wieder begegnen.

Gegentaktik

Die Gegentaktik zu einem vorgebrachten Widerstand besteht darin, selbst einen gewissen Widerstand zu zeigen. Sagen Sie beispielsweise bei einem widerspenstigen Verkäufer: „Meine Familie wird mich bestimmt für diese Frage umbringen [hier haben Sie die Verantwortung an eine höhere Autorität abgegeben], aber wenn Sie mir Ihren niedrigsten Preis für dieses Produkt nennen, kann ich versuchen meine Familie zu überzeugen." Bringen Sie die andere Seite dazu, das erste Angebot abzugeben. Versuchen Sie dann eine andere der hier beschriebenen Taktiken, um die Gegenseite dazu zu veranlassen, Ihnen entgegenzukommen.

Lassen Sie sich ein Angebot machen

Verhandeln mit Mimik und Gestik

Eine einfache Methode einen Verhandlungspartner zu einem Zugeständnis zu bewegen ohne direkt zu sagen, was man möchte, besteht darin, deutlich das Gesicht zu verziehen, wenn dieser eine Forderung stellt. So können Sie einen Verkäufer leicht dazu bewegen, Ihnen seinen Verhandlungsspielraum zu nennen. Ein solches Gespräch verläuft dann häufig nach dem folgenden Schema. Käufer: „Wie viel kostet dieses Fahrzeug?" – Verkäufer: „Nun, das Fahrzeug kostet 25 000 €." – Käufer (verzieht deutlich das Gesicht): „So viel? Oh, das ist viel Geld." – Verkäufer: „Na ja, wir können da vielleicht noch etwas machen, wie viel würden Sie denn zahlen?"

Hätte der Käufer den Preis ohne zu zucken akzeptiert, wäre das Gespräch vielleicht folgendermaßen verlaufen. Käufer: „Wie viel kostet dieses Fahrzeug?" Verkäufer: „Nun, das Fahrzeug kostet 25 000 €." – Der Käufer macht ein erstauntes Gesicht und nickt: „Mhmm! Nicht schlecht!" – Verkäufer: „… und für Überführung und Übergabeinspektion kommen 750 € hinzu."

Signale senden

Ihr Gegenüber versucht aus Ihrer Reaktion zu erkennen, wie Sie dem Geschäft gegenüber eingestellt sind. Wenn Sie Zustimmung oder Zufriedenheit signalisieren, werden Sie häufig feststellen, dass man Ihnen Geschäfte anbietet, die noch weitere Zusatzkosten enthalten. So kommt es häufiger vor, dass man Ihnen vielleicht Preise ohne Mehrwertsteuer nennt oder bestimmte Kosten erst erwähnt, wenn Sie bereits zugestimmt haben. Oft wird versucht, die schon genannte Bohrertaktik (siehe Seite 120) anzuwenden, wenn ein Gefühl der Zufriedenheit und Entspannung von Ihrer Seite gezeigt wird.

Die Reaktionen des anderen einschätzen

Im Gegenzug sollten Sie lernen, aus der Reaktion Ihres Gegenüber zu lesen, ob Ihr Angebot das richtige war. Es gibt Verkäufer, die der Ansicht sind, dass jeder Preis so lange zu niedrig ist, wie er vom Käufer anstandslos akzeptiert wird. Nur wenn der Käufer bei der Preisnennung deutliche Anzeichen von Widerwillen oder Überraschung zeigt, weiß man, dass der Preis nicht zu niedrig angesetzt war.

Viele Menschen sind der Ansicht, dass es sich nicht gehört und eventuell für den anderen unangenehm ist, wenn man deutlich zeigt, dass einem ein Preis oder eine Forderung überhöht erscheint. Es ist jedoch oft von Nachteil, wenn man ohne derartige Reaktion auf eine Forderung eingeht oder diese im Raum stehen lässt. Die deutlich sichtbare Reaktion bringt den anderen häufig dazu, von sich aus weitere Zugeständnisse zu machen, ohne dass man ausdrücklich danach verlangt hätte.

Üben Sie deshalb am besten ab sofort, Preise oder Leistungen nicht von Anfang an zu akzeptieren, und zeigen Sie durch Ihre Reaktion, dass Sie eine verbesserte Leistung oder ein besseres Angebot verlangen. Sie werden feststellen, dass Sie in den meisten Fällen mehr bekommen als anfänglich erwartet.

Da müssen Sie mir schon mehr bieten!

Die Gegenseite unter Druck setzen

Eine Variante dieser Taktik besteht darin, dass man seinem Gegenüber mit dem Satz „Da müssen Sie mir schon mehr bieten!" signalisiert, dass man mit seinem Angebot oder seiner Leistung nicht zufrieden ist. Das Entscheidende an dieser Taktik ist, dass es gar nicht darauf ankommt, ob die Leistung oder das Angebot in Ordnung ist. In der Regel fühlt sich die Gegenseite in Verhandlungen unter Druck gesetzt.

Mit der Aussage, dass man mehr erwartet, wird der ungeübte Verhandlungspartner in der Regel ohne weitere Fragen anfangen, Verbesserungen und Zugeständnisse vorzubringen, die man gar nicht ausdrücklich gefordert hatte. Man kann also Menschen dazu ermuntern, ihre Leistungen zu steigern, ohne ihnen genau zu sagen, was man von ihnen erwartet.

Gegentaktik

Zur Genauigkeit zwingen

Die Gegentaktik für die beiden Techniken besteht darin, vom Gegenüber eine genaue Definition seiner Erwartungen zu fordern. Verlangt Ihr Gesprächspartner, dass Sie ihm mehr bieten müssen, so fragen Sie ihn, was er genau meint. Stellen Sie Fragen, die ihn dazu bringen, sich festzulegen:

- „Was genau meinen Sie denn?"
- „Wie genau sollte ich mich verbessern?"
- „Womit genau sollte ich Ihnen mehr bieten?"

Durch diese Fragen bringen Sie den anderen dazu, seine Taktik zu überdenken, und vermeiden, dass Sie selbst Zugeständnisse machen, die der andere vielleicht gar nicht von Ihnen erwartet hätte. Die besondere Wirkung dieser Taktiken besteht ja gerade darin, dass Sie etwas bieten sollen, was der andere gar nicht genau spezifizieren möchte. Durch die Forderung nach Genauigkeit verliert die Taktik ihre Wirkung.

Zusammenfassung

Bedenken Sie jedoch, dass diese Taktiken sehr stark wirken. Einer unserer Berater hatte beispielsweise die Angewohnheit sich in bestimmten Angelegenheiten folgendermaßen zu äußern:

BEISPIEL

- „Wie finden Sie die neuen Unterlagen und das Konzept?"
- „Nicht schlecht, jedoch gefällt mir die Form nicht und auch der Inhalt ist noch nicht richtig rund. Da sollte man noch etwas dran ändern!"
- „Was meinen Sie denn, was genau sollte geändert werden und wie sollte die Form später aussehen?"
- „Das weiß ich nicht genau, dazu hatte ich nicht genügend Zeit es mir anzusehen. Vielleicht sollte ich es noch einmal übers Wochenende durchsehen, dann kann ich Genaueres dazu sagen."

Der Effekt einer solchen Diskussion ist in jedem Fall das Gefühl, dass die Unterlagen noch nicht ideal sind. Jedoch verbleibt ein Gefühl des Zweifels, wie das richtige Ergebnis aussehen sollte. Dieses Gefühl bleibt auch dann, wenn gar nicht der Eindruck erweckt wurde, dass man selbst etwas ändern müsste. Allein das ungute Gefühl beim anderen reicht oft aus, um weitere Energien für eine Verbesserung zu mobilisieren. Der Effekt wirkt oft auch dann, wenn die geschilderte Gegentaktik das Gespräch erfolgreich in Ihre Richtung gelenkt hat.

Ungutes Gefühl mobilisiert Energien

Lassen Sie alle Optionen offen

Mitunter glauben Verhandlungsführer, dass sie sich selbst in eine starke Position bringen, wenn sie der Gegenseite gleich zu Beginn sagen, wozu sie keinesfalls bereit sind. Damit verringern sie allerdings die möglichen Optionen. Die Gegenseite bekommt auf diese Weise Informationen über den Standpunkt und kann die eigene Taktik darauf abstimmen. Außerdem erzeugt eine auf diese Weise demonstrierte Unnachgiebigkeit Gegendruck. Die andere Seite wird denken „Das warten wir erst einmal ab. Wollen wir doch mal sehen, ob du nicht doch an der einen oder anderen Stelle nachgibst."

Des Weiteren kann es sehr peinlich wirken, wenn am Ende der Verhandlung doch etwas akzeptiert werden muss, das anfangs abgelehnt wurde. Wenn Sie in dieser Situation sind, lassen Sie die andere Seite nicht wissen, was Sie alles nicht tun wollen, sondern verhalten Sie sich zunächst neutral.

Neutrales Verhalten zeigen

Verlangen Sie immer mehr, als Sie erwarten

Eine der wichtigsten Regeln für das Verhandeln ist es, immer mehr zu verlangen als man selbst erwartet.

Beginnen Sie einen Handel damit, dass Sie sagen „Ich will 50 Prozent von allem!", dann kann Ihr Verhandlungspartner versuchen Sie weiter herunter zu handeln. Beginnen Sie dagegen ganz oben, so bleibt Ihnen selbst mehr Spielraum, um etwas abzugeben. Schauen Sie Ihrem Verhandlungspartner fest in die Augen und verlangen Sie alles, was er geben kann.

Herausforderung für den anderen

Was passiert mit dem anderen? Er wird wahrscheinlich zunächst schockiert sein und innerlich an Flucht denken. Da Sie nicht ausschließlich dazu da sind, um ihn glücklich zu machen, können Sie jedoch mit dieser Situation gut leben und die Verhandlung von einem sicheren Standpunkt aus weiterführen. Wie in der oben beschriebenen 30-Tage-Übung (siehe Seite 40) deutlich wird, werden Sie sich mit dem Verlangen nach 100 Prozent sehr wohl fühlen. Wenn die Gegenseite vorschlägt alles zu gleichen Teilen – also 50 zu 50 – zu teilen, können Sie nach der Verhandlung vielleicht antworten: „Okay, ich bin um 25 Prozent heruntergegangen und Sie haben ebenfalls 25 Prozent nachgelassen. Das ist doch fair."

Realistische Angebote machen

Eine alte Regel des Verkaufens lautet: Es dauert Jahre, um einen guten Preis aufzubauen. Es dauert jedoch nur Minuten, um ihn wieder kaputtzumachen. Man kann in einer Verhandlung zwar immer nachgeben, kommt jedoch niemals wieder nach oben. Versuchen Sie also immer das maximal akzeptable Angebot abzugeben oder sogar noch ein wenig darüber hinaus zu gehen.

Eine wichtige Voraussetzung hierbei ist, dass man sich niemals über die Motive der Gegenseite sicher sein kann. Sie können nicht sicher sein, zu welchem Preis die Gegenseite Ihr Produkt kaufen oder verkaufen wird. Vielleicht ist die Gegenseite überhaupt nicht daran interessiert einen guten Preis oder besondere Verhandlungsbedingungen zu erzielen? Vielleicht will die andere Seite nur um jeden Preis die Verhandlung abschließen.

Verschiedene Gründe sprechen dafür, anfangs mehr vom Gegenüber zu verlangen:

- Ihr Verhandlungspartner akzeptiert vielleicht Ihren Vorschlag. In diesem Fall haben Sie wahrscheinlich das Gefühl, immer noch zu wenig verlangt zu haben.
- Sie haben einen größeren Spielraum bei Zugeständnissen. Sie können souveräner verhandeln und sind in der Lage, Ihr Ziel schneller zu erreichen. Die andere Seite hat am Ende sogar noch das Gefühl, sie hätte in der Verhandlung viel erreicht, da sie ja mehr heraushandeln konnte, als dies zu Anfang möglich schien.

- Wenn Sie ein Produkt anbieten, so steigt automatisch der Wert, den die Gegenseite dem Produkt zumisst. Auf diese Weise verhindern Sie vielleicht auch, dass weitere Fragen zu Qualität und Leistung überhaupt noch gestellt werden.

Problematisch an dieser Taktik ist, das persönliche Maximum herauszufinden. Aus Angst, die andere Seite könnte die ganze Verhandlung von vornherein abbrechen, wird oft zu wenig gefordert. Sollten Sie unsicher sein, wie hoch Ihre Forderung sein soll, beachten Sie folgende Regel: Verlangen Sie zunächst immer das Doppelte. Sie wollen einen Gegenstand verkaufen, der 1 000 € kostet. Sagen Sie zunächst einmal, er würde 2 000 € kosten. Viele Käufer werden Ihnen dann einfach vorschlagen, die Differenz zu teilen oder Ihnen zumindest sofort mit einem anderen Vorschlag entgegenkommen, damit die Verhandlungen nicht abgebrochen werden. Schlagen Sie nie selbst die Teilung der Differenz vor, sondern lassen Sie den anderen diesen Vorschlag machen.

Das Doppelte verlangen

Wenn die Gegenseite antwortet, dass sie das Angebot für unglaublich hält und Anzeichen zeigt, die Verhandlung abzubrechen, so wenden Sie eine der Taktiken an, die Sie bei festgefahrenen Verhandlungen und Sackgassen benutzen können (siehe Seite 107). Sie sind dadurch in der Lage, die Verhandlung in einer neuen Richtung weiterzuführen, und können herausfinden, wie weit die andere Seite gehen will.

Lernen Sie also konsequent immer mehr zu verlangen, als Sie eigentlich erwarten. Die Chancen Ihr Ziel zu erreichen steigen dadurch enorm.

Gutes Aussehen – Der Schönheitsbonus

Wenn Sie in Verhandlung besser abschneiden möchten, dann sollten Sie gut aussehen! Sicherlich denken jetzt einige Leser „Was soll das denn heißen? Ich bin so wie ich bin und fühle mich wohl“ oder sie denken „Gerade Leute mit schlechtem Aussehen sind interessant und wirken persönlicher als die geschniegelten Affen in den Maßanzügen.“

Es zeigt sich jedoch immer wieder, dass besonders die gut aussehenden Leute in der Gesellschaft zu den Gewinnern zählen. Nehmen Sie beispielsweise Politiker wie Bill Clinton oder Gerhard Schröder. Erfolgreich? Gut aussehend? Im Vergleich zu ihrer Berufsgruppe – sicherlich. Schauen Sie sich weitere Bekanntheiten aus Film und Fernsehen an und Sie werden feststellen, dass sich überdurchschnittlich viele gut aussehende Personen darunter befinden.

Gut Aussehen im Gehaltsgespräch

Außerdem ist es schon lange bekannt, dass gut aussehende Menschen bei Einstellungen häufig wegen ihrer Wirkung bis zu zehn Prozent Gehaltsbonus bekommen. Bei hässlichen Menschen kehrt sich dieser Effekt häufig um, sodass hier gerne etwas weniger bezahlt wird. Vernachlässigen wir dabei einmal die Klischees von den Blondinen, die allein durch ihr Aussehen einen einflussreichen und wohlhabenden Mann gefunden haben, so gilt trotzdem die folgende Überlegung: Wenn man sein Einkommen allein durch ein besseres Aussehen beachtlich steigern kann, möchten Sie dann nicht auch lieber zu den besser Aussehenden zählen? Ein Grund für die größeren Erfolge von Gutaussehenden ist sicherlich, dass Menschen sich lieber den Wünschen und Anweisungen attraktiver Menschen fügen.

Auf die Kleidung achten

Nun ist natürlich nicht jeder von Natur aus mit der Figur eines Athleten und dem Gesicht eines Models ausgestattet. Aber zum Glück gibt es jede Menge Möglichkeiten, mit wenig viel zu erreichen. Am einfachsten können Sie durch ansprechende Kleidung gewinnen. Schauen Sie doch einfach mal in Ihren Kleiderschrank und sortieren Sie alle Stücke aus, die verschlissen oder ausgebleicht sind. Was danach übrig bleibt, können Sie beispielsweise nach farblichen Gesichtspunkten zusammenstellen. Achten Sie auch darauf, dass Sie keine offensichtlichen Missgriffe tun. Vor allem weiße Tennissocken, vielleicht auch noch mit roten Streifen, sind in Kombination mit Herrenanzügen out. Auch dunkle Shirts wirken unter weißen Hemden nicht besonders kleidsam. Wann haben Sie das letzte Mal ein Krawatte gebunden? Zum Krawattenbinden gibt es mittlerweile hervorragende Anleitungen, mit denen Sie bereits nach 20 Minuten ein ansehnliches Resultat erzielen. Viele Menschen achten bei ihrem Gegenüber vor allem auf die Schuhe; vernachlässigen Sie daher diesen wichtigen Punkt auf keinen Fall.

Den eigenen Kleiderschrank im Auge behalten

Hüten Sie sich auch vor unmodernen Kleidungsstücken. Vor allem bei manchen Herren ist es zwingend notwendig, nach einigen Jahren fast die gesamte Garderobe zu entsorgen und sich durch einen geschulten Verkäufer beraten zu lassen. Da viele Frauen bei der Wahl ihrer Garderobe immer noch sorgfältiger vorgehen, sollten sich die Herren vielleicht von einer Freundin oder auch von ihrer Mutter beraten lassen. Frauen haben oft auch einen sicheren Blick dafür, ob Kleidungsstücke passen oder die Hose in den Achselhöhlen vielleicht doch etwas zu eng sitzt.

Sie sind Naturwissenschaftler und kommen gerade von der Uni? Dann haben Sie vielleicht gelernt, dass Menschen nicht nach ihrem Aussehen, sondern nach ihrem Intellekt beurteilt werden? Leider trifft das für die Geschäftswelt häufig nicht zu. Auch hier ist gutes Aussehen vorteilhaft.

BEISPIEL

Das „beste" schlechte Beispiel, das ich einmal erlebt habe, war ein hoch gestellter Vorgesetzter bei einer Organisation aus dem akademisch-wissenschaftlichen Bereich. Diese Person wurde durch ihre hohe Position innerhalb der Organisation von allen Mitarbeitern mit großem Respekt behandelt. Dieser Respekt beschränkte sich allerdings nur auf die Zeiten, in denen er persönlich anwesend war. Ansonsten wurde ständig über ihn gelacht, weil er dafür bekannt war, der am schlechtesten angezogene Mitarbeiter des ganzen Betriebes zu sein. So wurde zum Beispiel pausenlos darüber gespottet, weil er scheinbar immer dieselbe Hose trug. Da er eher zu den beleibteren Zeitgenossen zählte, wurde vermutet, dass es Hosen in seiner Größe nicht mehr gebe und diese Hose seit der Studentenzeit einfach mitgewachsen sei. Die Person forderte durch ihr Erscheinungsbild also den versteckten Spott geradezu heraus.
In dieser Situation fielen mir zwei Dinge besonders auf. Erstens zählten die Mitarbeiter dieses Vorgesetzten selbst nicht unbedingt zu den bestgekleideten Persönlichkeiten und trotzdem erwarteten sie von ihrem Chef ein wenig mehr Geschmack, da vor allem er auch mit vielen Kunden zu tun hatte, die selbstverständlich alle besser gekleidet waren als er. Dies entzog ihm jede Menge Respekt, den ein Vorgesetzter bei seinen Mitarbei-

tern dringend braucht. Zweitens fiel mir auf, dass er selbst ziemlich genau darauf achtete, was die Mitarbeiter anhatten und teilweise negative Bemerkungen machte. Gehen Sie also niemals davon aus, dass eine schlecht gekleidete Person Sie mit den gleichen Maßstäben beurteilt, die sie für sich selbst gelten lässt.

Grundregel: Ein wenig besser als die anderen

Eine einfache Regel besagt, dass Sie immer nur ein klein wenig besser gekleidet sein sollten als der Durchschnitt Ihrer Kunden oder Mitarbeiter. Sind Sie als Vertreter tätig, so ziehen Sie einfach den Durchschnitt aus ihren Kollegen und Mitbewerbern. Auf diese Weise heben Sie sich angenehm hervor, ohne Rivalität zu wecken – was gerade bei Verhandlungen ein äußerst wichtiger Faktor ist.

Geradezu verpflichtend ist es, spätestens alle vier Wochen zum Friseur zu gehen. Vernachlässigte Haare lassen häufig auch auf mangelnde weitere Pflege (oder Hygiene) schließen. Lassen Sie sich dabei gerne einmal beraten, ob Ihre Frisur noch zu Ihrem Typ passt. Von einigen „Verwirrungen" bei manchen Frauen einmal abgesehen, neigen die meisten Herren im fortgeschrittenen Alter zu im wahrsten Sinne des Wortes „haarsträubenden" Versuchsfrisuren. Ein „Klassiker": Auf einer Seite lang gewachsene Haarsträhnen werden sorgfältig auf die kahle Stirnplatte geklebt.

Pflegen Sie Ihr Lächeln

Pflegen Sie Ihre Zähne. Lassen Sie sich von Ihrem Zahnarzt beraten und Ihre Zähne möglicherweise richten. Ohne großen Aufwand ist es heute auch möglich, durch Zahnbelag, Rauchen und Kaffee verfärbte Zähne aufhellen zu lassen. Achten Sie auf Mundgeruch und versuchen Sie nicht, Ihre tägliche Dusche durch Deospray zu umgehen. Gerade im Sommer neigen manche Mitmenschen zu stärkerem Schwitzen. Neben feuchten Achselhöhlen wird auch der Geruch einen möglichen Verhandlungspartner oder Kunden bald vertreiben. Selbstverständlich kann man nicht davon ausgehen, dass der Gesprächspartner dezent auf den Geruch hinweist, er wird aber möglicherweise gemeinsamen Bekannten davon erzählen. Pflegen Sie auch Ihre Hände und halten Sie sie immer sauber. Frauen sei geraten, dezent zu den unterschiedlichsten Kosmetika zu greifen, doch sollten sie „Bauernmalerei" im Gesicht vermeiden.

Ich habe einige Verkaufsprofis kennen gelernt, die immer eine „Notfalltasche" mit Zahnbürste, Parfum, Mundwasser, Rasierklingen und Ohrenstäbchen dabeihatten. Derart ausgerüstet ist man in den meisten Situationen sicher und kann sich auch während einer längeren Besprechung zwischendurch ein wenig „tunen".

BEISPIEL

Die Vertreterin eines Zubehörhändlers für Drucker hatte bei einem Unternehmen einen solchen Erfolg, dass dort nach einem Personalwechsel beim Einkäufer ein ganzes Lager von Druckerkartuschen entsorgt werden musste, dessen Inhalt zum größten Teil Zubehör für Geräte war, die der Kunde nicht mehr einsetzte. Immer, wenn diese Vertreterin zu einem kurzen Besuch vorbeikam, wurde von den zumeist männlichen Mitarbeitern bereits Tage vorher extra der Konferenzraum belegt und ein kleines Büffet aufgestellt.

Besseres Selbstwertgefühl durch gutes Aussehen

Sehen Sie also der Tatsache ins Auge, dass ein gutes Äußeres auch bei Verhandlungen nützlich sein kann. Neben der Aufwertung Ihres eigenen Selbstwertgefühls sorgen Sie beim Verhandlungspartner damit für eine angenehmere Situation und erleichtern ihm auf Ihre Vorschläge einzugehen. Falls Sie nicht dazu bereit sind, in diesem Bereich Schritte zu ergreifen, so werden Sie wahrscheinlich auch die anderen Methoden nicht einsetzen, die in Ihrer Umsetzung anzuwenden teilweise wesentlich schwieriger sind. Falls doch, so ziehen Sie es auch in Erwägung, regelmäßig Sport zu treiben und Ihre Ausstrahlung durch dezente Sonnenbräune und regelmäßige Sauna, kombiniert mit einer vernünftigen Ernährung, deutlich zu verbessern. Der Dank ist ein besseres Wohlbefinden und ein gesteigerter Erfolg bei Verhandlungen.

Machen Sie sich den anderen zum Freund

Mit Freunden kann man leichter verhandeln

Wer mit Freunden eine Verhandlung führen darf, stellt fest, dass das Gespräch in der Regel wesentlich einfacher und angenehmer verläuft als mit Fremden. Das liegt einfach daran, dass man einen anderen Zugang zu dieser Person hat und auf gemeinsame Erfahrungen zurückgreifen kann. Es fällt auch meist leichter, zwischendurch einen kleinen Scherz anzubringen, in der Gewissheit, dass der andere darüber lachen kann oder zumindest nicht verärgert ist.

Ist es da nicht nahe liegend, wenn man versucht Verhandlungsgegner zu seinen Freunden zu machen? Verhandeln Sie nämlich und es baut sich eine feindselige Stimmung auf, wird es ungleich schwerer, am Ende zu einem Ergebnis zu kommen.

Freundliches Verhandlungsklima

Wer gut verhandeln kann, ist auch gut darin, andere Personen für sich zu gewinnen. Auf diese Weise vermeidet er übertriebenes Misstrauen und ermöglicht der anderen Seite freundschaftliche Zugeständnisse. In einem freundlichen Klima haben beide Seiten viel bessere Chancen, mit einem guten Gefühl aus der Verhandlung herauszugehen, und beide können mit der Überzeugung die Verhandlung beenden, dass für jeden ein sinnvolles Ergebnis erzielt wurde.

BEISPIEL

Ein bekannter Unternehmer hatte diese Eigenschaft nicht. Er hielt sich selbst für schlauer und geschickter als seine Opponenten und versuchte bei jeder Gelegenheit, für sich einen Vorteil herauszuschlagen. Dies führte häufig dazu, dass die Gegenseite seine Vorschläge zwar akzeptierte aber ansonsten jeden weiteren Kontakt zu ihm mied. Auf diese Weise verhinderte er, dass er überhaupt direkt angesprochen wurde, wenn es neue mögliche Aufträge für ihn gab, da die Kunden andere bevorzugten. Dies lag einzig und allein an seinem Benehmen, das den Kunden immer das Gefühl der Unterlegenheit vermittelte. Selbstverständlich fühlte sich so kein Kunde wohl und es blieb deshalb immer ein ungutes Gefühl, wenn eine Verhandlung beendet war.

Der einzige Weg einen Streit zu gewinnen, ist ihn zu vermeiden

Bereits Dale Carnegie schreibt in „Wie man Freunde gewinnt", dass man einen Streit besser vermeiden sollte. Es lohnt sich nicht zu streiten, da man niemals gewinnen kann. Was haben Sie davon, wenn Sie einen anderen maßregeln oder verbessern, weil er eine Ansicht vertritt, die Sie nicht teilen? Werden Sie ihn überzeugen? Wahrscheinlich nicht. Selbst wenn Sie alle Argumente auf Ihrer Seite haben, können Sie normalerweise keine Überzeugungen ändern. Lassen Sie also der Gegenseite ihre eigene Meinung und legen Sie sich nicht wegen unterschiedlicher Überzeugungen mit ihr an. Das heißt nicht, dass Sie die Meinung der Gegenseite teilen sollen. Versuchen Sie jedoch nicht, dieser Ihre Meinung aufzuzwingen.

Den anderen akzeptieren

Wenn zum Beispiel jemand behauptet, umweltfreundliche Farben seinen von schlechter Qualität und Sie haben eine andere Meinung, sagen Sie besser „Es kann durchaus sein, dass umweltfreundliche Farben nicht die Qualität der anderen Produkte haben. Ich habe bisher jedoch relativ gute Erfahrungen gemacht und keine nennenswerten Nachteile bemerkt.“ Auf diese Weise drücken Sie aus, dass Sie die Erfahrung des anderen nicht anzweifeln, jedoch selbst einen anderen Standpunkt vertreten. Hätten Sie sich auf eine Diskussion eingelassen, so hätten Sie die andere Seite höchstens dazu gebracht, zuzugeben, dass es keine nennenswerten Unterschiede gibt. Wahrscheinlich würde der andere nach dem Gespräch trotzdem keine umweltfreundlichen Farben kaufen und sich über Ihre Argumente nur ärgern. Manche Leute gehen bei solchen Diskussionen sogar noch einen Schritt weiter, Sie werden feindselig und vertreten ihre Meinung bis zum letzten Moment. Manche lassen den anderen gar nicht mehr zu Wort kommen und vermitteln ihm das Gefühl, er sei blasiert, ignorant und dumm, weil er die Offensichtlichkeit des eigenen Standpunktes nicht erkennen will. Wer ist hier wirklich der Dumme? Kann man auf diese Weise einen Menschen für sich einnehmen?

Dem anderen seine Meinung lassen

Versuchen Sie lieber, den Menschen für sich zu gewinnen als einen Streit vom Zaun zu brechen. Wenn der andere eine Meinung vertritt, die Sie nicht teilen, lassen Sie ihm seine Ansicht und gewinnen Sie ihn für sich. Meinungen sind eng mit Gefühlen verknüpft und bei einem Streit zwischen Gefühl und Verstand wird immer das Gefühl siegen.

Vermeiden Sie also Streit, wann immer es ihnen irgendwie möglich ist. Bleiben Sie diplomatisch und Sie werden mehr erreichen als mit jeder Diskussion über richtig oder falsch. Auf diese Weise werden mehr Verhandlungen gewonnen als mit allen anderen Taktiken, die auch in diesem Buch beschrieben werden.

Lassen Sie sich von anderen helfen

BEISPIEL

Eine interessante Geschichte ereignete sich bei einem unserer Kunden. Einer unserer Vertriebsleute besuchte den Abteilungsleiter des Kunden, um sich bei ihm vorzustellen. Doch weiter als bis zum Nennen des Firmennamens kam er gar nicht. Dem Kunden war es nämlich wichtiger etwas über sich selbst mitzuteilen. Unser Mitarbeiter hörte ihm daher aufmerksam zu und bestätigte dessen Ansichten über sich selbst. Er erfuhr, welche wichtige Position dieser Mann innehatte und wie die Zukunft seines Unternehmens aussah, und er hörte sich Schilderungen über interne Schwierigkeiten und geplante Investitionen an und erfuhr auf diese Weise gleich einiges über die Konkurrenz und deren Ansehen innerhalb des Hauses.
Aus den geplanten zehn Minuten wurden beinahe zwei Stunden und der Kunde sagte am Ende des Gespräches, dass er selten ein so gutes Gefühl nach einem solchen Gespräch gehabt hatte. Er dankte unserem Mitarbeiter und erwähnte zum Schluss, ohne dass vorher darüber gesprochen wurde: „Mit Ihren Preisen machen Sie sich mal keine Sorge. Die bekommen wir hier schon durch. Ich helfe Ihnen dabei, denn ich weiß, dass ein Unternehmen Ihrer Größe nicht zu den Günstigsten gehören kann."

Den anderen ausreden lassen

Was war passiert? Unser Mitarbeiter hatte sich einfach die Zeit genommen, dem anderen zuzuhören und ihm seine eigene Meinung und Ansichten gelassen. Anstatt ihm ein Gespräch über unser Unternehmen und seine guten Dienstleistungen aufzuzwingen, hatte er ihm die Gelegenheit gegeben über das zu sprechen, was ihn am meisten interessierte: sich selbst. Kein Wunder, dass das Gespräch für ihn interessant und anregend war. Er hatte es vermeintlich geschafft, einen anderen von seinen Ansichten zu überzeugen. Das Gespräch endete für ihn mit der Entscheidung, dass er einen solchen Menschen gerne häufiger in seinem Unternehmen sehen würde, sodass er sogar seine Hilfe bei Preisverhandlungen anbot, damit er in jedem Fall wiederkommen könnte. Interessanterweise kannte der Mann unsere Preise zu diesem Zeitpunkt noch gar nicht.

Sie erkennen an diesem Beispiel, wie groß die Macht des Zuhörens sein kann. Wenn Sie den anderen dazu bringen, selbst wirklich zu wollen, was Sie erreichen möchten. Dann wird er alles ihm Mögliche in Bewegung setzen, um es zu bekommen.

Gleich und Gleich gesellt sich gern

Wie baut man nun Vertrauen bei der anderen Seite auf, ohne mit – falschen – Schmeicheleien aufzuwarten? Die Fähigkeit, mit der anderen Seite in positiven Kontakt zu treten und bei dieser ein Gefühl des Verständnisses und Vertrauens aufzubauen, wird im NLP (neurolinguistischen Programmieren) als Rapport bezeichnet. Es gibt hierzu eine einfache und sehr wirkungsvolle Technik, die auf dem Effekt aufbaut, dass Menschen gerne mit Gleichgesinnten Kontakt haben. Die Technik wird als Spiegeln bezeichnet.

Spiegeln der Körperhaltung

Um eine Beziehung zu einem anderen aufzubauen, könnten Sie beispielsweise seine Körperhaltung spiegeln. Sie stellen oder setzen sich dazu einfach in der gleichen Körperhaltung wie Ihr Gesprächspartner. Dabei achten Sie darauf, dass das Ganze unauffällig geschieht, sodass der andere nicht das Gefühl bekommt, Sie würden ihn imitieren und veralbern. Das Einnehmen einer ähnlichen Körperhaltung hat noch einen weiteren positiven Effekt: Sie fangen an, sich so ähnlich zu fühlen wie der andere. Sitzt der andere zum Beispiel nervös im Stuhl und zappelt herum, so werden Sie sich nach kurzer Zeit wie er fühlen. Vielleicht wippt er mit dem Knien, dann können Sie zum Beispiel mit der Hand ein wenig auf- und abwippen. Sie fühlen wie der andere und er denkt im Gegenzug „Schau an, der andere ist wie ich. Sehr sympathisch."

Wenn Sie Erfahrung im Spiegeln gewonnen haben, können Sie beispielsweise Folgendes spiegeln:

- den gleichen oder einen ähnlichen Kleidungsstil wie die Gegenseite wählen,
- Geschwindigkeit und Lautstärke der Stimme angleichen,
- die eigene Atmung anpassen,
- Redewendungen des anderen übernehmen.

Finden Sie weitere Besonderheiten und integrieren Sie diese in Ihr Verhalten. Die auf diese Weise empfundene „Seelenverwandtschaft" erzeugt im anderen ein Gefühl des Vertrauens und wird dazu führen, dass er Sie als Freund und nicht als Feind betrachtet. Sie stimmen sich praktisch vollständig auf die andere Person ein und ermöglichen ihr die Gestaltung und Richtung der Kommunikation.

Vertrauen durch Spiegeln herstellen

Erfahrene NLP-Anwender testen den Erfolg dieser Technik übrigens, indem sie plötzlich einen Aspekt (beispielsweise die Körperhaltung) verändern. Wenn der andere bereits ein tiefes Vertrauen entwickelt hat, wird er die Beziehung aufrechterhalten, Ihrem Ausdruck zu folgen versuchen und Sie damit unbewusst spiegeln. Dies wird „Leaden" genannt und gilt als Test, dass das Spiegeln erfolgreich war.

Nebenbei bemerkt funktioniert die Methode auch ganz hervorragend beim Flirten. Antony Robbins demonstrierte während eines Seminars in Frankfurt einmal bei einer Zuhörerin, wie man sich auf diese Weise annähern kann. Als die Dame schließlich lächelte, lächelte er zurück und setzte sich zu ihr. Er fragte sie dann, ob sie sich an einen Mann erinnern könnte, der sie einmal wirklich begeistert hatte. Dabei holte er mit einer weit ausladenden Geste aus und als der Satz ausgesprochen war, zeigte er mit seinen Händen auf sich selbst. Die prompte Antwort der Frau zeigte, dass er bei ihr große Begeisterung ausgelöst hatte. Doch genau diese Antwort hatte er durch das Deuten auf sich selbst bereits vorweggenommen.

Das Publikum hatte dies zunächst gar nicht bemerkt – bis er darauf hinwies. Die Wirkung ist verblüffend. Sie können sie zum Beispiel anwenden, indem Sie Ihren Kunden fragen: „Hatten Sie schon einmal einen Lieferanten, mit dem Sie hundertprozentig zufrieden waren?" Dabei halten Sie Ihre offenen Hände so, dass Sie schließlich auf sich selbst zeigen. Warten Sie ab, was passiert.

Lächeln Sie

Freundlichkeit hilft

Vergessen Sie in einem Gespräch auch niemals die Wirkung eines Lächelns. Nichts wirkt entwaffnender und anregender auf die Gegenseite als ein freundliches, echtes Lächeln. Es kostet nichts und bringt viel. Manche Verhandlungen werden so ernst geführt, dass es kaum möglich ist, hierbei noch Freude zu empfinden. Versuchen Sie trotzdem ein wenig Freundlichkeit einzubringen, die andere Seite und auch Ihre eigenen Leute werden Ihnen dankbar sein.

Sprechen Sie andere mit Namen an

Beachten Sie die Wichtigkeit des eigenen Namens. Lernen Sie, wie man sich die Namen der Gesprächspartner merken kann. Eine einfache Methode besteht darin, dass man eine Person mit ihrem Namen mehrfach anspricht. Zeigen Sie damit, dass Sie ein ernsthaftes Interesse an der Gegenseite haben. Wenn Sie einen Namen nicht verstehen, fragen Sie nach. Notieren Sie den Namen, wenn es nötig ist. Denken Sie immer daran, dass der eigene Name das wichtigste Wort im Leben eines Menschen ist. Machen Sie vom Namen Gebrauch, wenn Sie möchten, dass man Ihnen besonders gut zuhört.

Den Namen gezielt einsetzen

Lernen Sie zuhören

Hören Sie anderen Menschen zu. Es ist nicht wichtig, wie viel Sie in einer Verhandlung sprechen, sondern wie wirkungsvoll Sie sprechen. Wenn Sie selbst dazu neigen, viel zu reden, wird man Ihnen irgendwann nicht mehr richtig zuhören. Je mehr Interesse an den Worten des anderen Sie zeigen, desto mehr Interesse wird man Ihnen entgegenbringen. Deshalb lernen Sie das Zuhören. Ein wichtiger Nebeneffekt: Sie erfahren wahrscheinlich in zehn Minuten mehr über die Einstellungen und Hintergründe der anderen Seite, als wenn Sie tagelang über Ihre eigenen Interessen sprechen. Das führt dann zu einem entscheidenden Vorteil, denn Sie können so Problemlösungen in der Verhandlung finden, die für beide Seiten attraktiv sind.

Glauben Sie an das Gute im Menschen

Dieser Ratschlag mag sich auf den ersten Blick etwas naiv anhören. Bedenken Sie jedoch, dass jeder Mensch immer eine – aus seiner Sicht – gute Absicht hinter seinem Verhalten sieht. Niemand ist von Natur aus böswillig. Vielen Menschen fällt es jedoch schwer, Absicht und Verhalten auseinander zu halten. So drückt ein Mann die Liebe zu seiner Familie vielleicht dadurch aus, dass er sehr viel arbeitet. Seine Frau wünscht sich jedoch von ihm, dass er mehr Zeit mit seiner Familie verbringt. Die Absicht ist die gleiche, das daraus folgende Verhalten ist jedoch völlig anders. Das Gleiche passiert häufig in Verhandlungen. Ein Partner denkt vielleicht gerade „Jetzt bin ich denen aber wirklich entgegengekommen und da könnten

Der Unterschied zwischen Absicht und Verhalten

die wirklich etwas freundlicher sein!", Sie hingegen haben vielleicht gar nicht bemerkt, dass der andere Ihnen mit gutem Willen ein Stück entgegengekommen ist.

Vom Verhalten auf innere Zusammenhänge schließen

Im NLP wird ein Verhalten problematisiert, das als „komplexe Äquivalenz" bezeichnet wird. Dabei schließen Personen von einer Sache auf eine andere, ohne dass es einen tatsächlichen Zusammenhang gibt. Beispiele für eine solche komplexe Äquivalenz in Verhandlungen sind:

- Sie glauben, ein anderer sei nicht an der Verhandlung interessiert, weil er keine Aufzeichnungen macht.
- Ein Opponent begrüßt Sie freundlich. Sie halten ihn daher für einen Schmeichler, der Sie nur für sich einnehmen möchte.
- Ein Gegenspieler ist in einer Sache anderer Meinung. Sie denken, er würde Sie als Person nicht respektieren.
- Ein anderer verhält sich unhöflich, als er Ihnen bei der Begrüßung keine Getränke anbietet. Sie schließen daraus, dass er Sie nicht leiden kann und absichtlich nichts anbietet. Der andere hat es hingegen schlicht vergessen, weil er gerade mit persönlichen Dingen beschäftigt war.

An diesen Beispielen zeigt sich, dass hinter einem Verhalten häufig keine böse Absicht steht. Trotzdem kann es von der Gegenseite so aufgefasst werden und darin besteht eine große Gefahr. Viele Konflikte entstehen genau durch dieses Missverständnis. Ist es da verwunderlich, wenn der andere sich unschuldig glaubt?

Standardtaktiken

Das Prinzip der höheren Autorität

Sicherlich kennen Sie mindestens einen Menschen, der stolz auf seine hohe Position in einem Unternehmen ist. Vielleicht handelt es sich sogar um den Eigentümer einer Firma, der jede Verhandlung sofort in die Hand nimmt, weil er meint der Einzige zu sein, der kompetent und mächtig genug für wichtige Entscheidungen ist. In der Tat fühlen sich solche Personen besonders wohl und sicher, wenn sie zeigen können, dass sie die Einzigen sind, die eine Entscheidung endgültig treffen dürfen. Ist Ihnen schon einmal aufgefallen, dass bei vielen Verhandlungen mit Vertretern am Ende der Chef noch einmal hinzukommt? Wenn er dann seinen „Auftritt" hat, gibt es oft noch einmal Gelegenheit über das Angebot zu sprechen und in seiner Großzügigkeit wird er vielleicht noch ein paar Prozent nachgeben. Der Vertreter hätte dies nicht gekonnt, da ihm dazu die Macht fehlt. Mit diesem Verhalten zeigt der Chef deutlich, wer die Entscheidungen wirklich trifft und wahrscheinlich ist er mit seiner Funktion als „Rabattkofferträger" auch noch außerordentlich zufrieden.

Der Auftritt der höheren Autorität

Immer wenn eine Person in einer Verhandlung glaubt, dass es gut sei, wenn sie Entscheidungen allein treffen kann, begeht sie einen der schlimmsten Fehler. Sie wäre in einer viel besseren Position, wenn sie die Entscheidung nicht allein treffen könnte. In diesem Fall reicht es nämlich nicht aus, dass nur sie von der Richtigkeit eines Angebots oder eines Vertrages überzeugt ist. Die andere Seite muss sich deshalb doppelt anstrengen, ihr Ziel zu erreichen, und auf dem Wege dahin noch wesentlich mehr positive Argumente für ihr Angebot vorbringen.

BEISPIEL

Einer unserer Kunden zeigte sich deutlich an einem Angebot im Bereich des E-Business interessiert und im Verlauf der Verhandlungen stellte sich heraus, dass das gewünschte Projekt für den Kunden sehr wichtig war. Während der Verhandlungen wurde immer wieder betont, welche Bedeutung das Projekt für den Vorstand hätte und wie negativ sich ein Fehlschlag des Projektes für diesen auswirken würde. Trotzdem beteiligte sich der Vorstand nie an den Verhandlungen. Immer wenn ein Angebot nicht zufrieden stellend war, schickte er seine Unterhändler und Rechtsanwälte vor, die in seinem Interesse verhandeln sollten. Fanden wichtige Treffen statt, so wurde die Anwesenheit des Vorstandes zwar angekündigt, letztendlich ließ sich aber niemand sehen. Sprach man die Unterhändler darauf an, so erstarrten sie bereits bei der Nennung der Namen voller Ehrfurcht und meinten, der Vorstand sei zu beschäftigt und habe ständig wichtige Diskussionen und Konferenzen zu führen. Die Angestellten hingegen informierten den Vorstand regelmäßig über jedes Ergebnis der Verhandlungen und teilten die Wünsche des Vorstandes in den folgenden Meetings mit. Jeder Versuch, den Vorstand direkt zu treffen, wurde abgelehnt.

Verhandlung „inszenieren"

Wenn Sie in Zukunft eine Verhandlung beginnen, dann beteiligen Sie nicht gleich alle Entscheidungsträger, sondern beginnen Sie zunächst allein und behalten Sie die endgültige Entscheidung einer anderen Person vor. Bei Ehepaaren kann man diese Strategie häufig feststellen. Da werden in diversen Verhandlungen Argumente vorgebracht wie:

- „Ich muss erst meinen Mann dazu fragen. Er verwaltet das Geld und ich kann so etwas nicht allein entscheiden."
- „Meine Frau wird mich bestimmt erschlagen, wenn sie davon erfährt. Aber nennen Sie mir trotzdem den bestmöglichen Preis, den Sie mir für dieses Auto bieten können."
- „Mein Mann ist mit diesem Angebot nicht einverstanden. Ich habe alles versucht, um ihn zu überzeugen, aber er lässt sich nicht darauf ein. Er sagt, Sie können nicht so viel verlangen. Sagen Sie mir, was der niedrigste Preis ist. Vielleicht lässt er sich doch noch überzeugen."

- „Ich kann leider nur bis 500 € allein entscheiden. Ich hatte so gehofft, dass der Preis darunter liegt. Jetzt muss ich meine Frau einbeziehen und ich glaube ehrlich gesagt nicht, dass sie damit einverstanden sein wird."

Mit der Gegenseite solidarisch zeigen

Die Taktik wirkt auf die Gegenseite wie ein Freundschaftsangebot. Sie zeigen die Bereitschaft, ein Angebot anzunehmen, haben dabei jedoch die gleichen Probleme wie die Gegenseite. Auch Sie müssen einen anderen überzeugen. Die Gegenseite wird Sie damit als jemanden einstufen, der ihr gleichgestellt ist, und Ihnen zu helfen versuchen, gemeinsam gegen die höhere Autorität anzukommen. Der gleiche Effekt tritt auch bei der Taktik „Guter Mann, böser Mann" (siehe Seite 68) ein.

In manchen Fällen wird die Gegenseite versuchen, die höhere Autorität kennen zu lernen, um sie direkt zu überzeugen. Verhindern Sie dies in jedem Fall, wenn Sie vermeiden wollen, dass Ihr Opponent seine Forderungen zu leicht durchsetzen kann.

BEISPIEL

Ein Geschäftspartner war nicht besonders geübt im Verhandeln. Trotzdem war es für mich sehr einfach, ihn als höhere Autorität in Verhandlungen zu „verkaufen". Da er selbst kein Interesse hatte an den Verhandlungen teilzunehmen, war es nicht schwer, ihn aus der Sache herauszuhalten und ihm nur die Ergebnisse mitzuteilen. Wenn der Kunde Forderungen stellte, auf die ich nicht eingehen wollte, so konnte ich immer auf den Widerstand des Partners hinweisen. Ich konnte auf diese Weise die Annahme einer Forderung verweigern, ohne den Kunden direkt mit der höheren Autorität zu konfrontieren.

Gruppen, Komitees und juristische Personen

Eine einfache Taktik, das direkte Verhandeln mit einer höheren Autorität zu verhindern, besteht darin, dass man einem Verhandlungspartner juristische Personen, ein Gremium oder Komitees als Autorität angibt. Haben Sie schon einmal versucht eine „Firma" zu treffen? Wenn Sie sagen, dass ein ganzes Komitee über eine Sache entscheiden muss, nehmen Sie der anderen Seite die Möglichkeit, direkt Einfluss zu nehmen.

Wenn die andere Seite Ihre Position kennt und Sie vielleicht der Eigentümer eines Unternehmens sind, versuchen Sie einen gewissen Standard als höhere Autorität anzugeben. Sie können beispielsweise behaupten, dass es Ihre Firmenpolitik sei, bei solchen Entscheidungen die Fachkräfte oder einen Abteilungsleiter einzubeziehen. Unterschätzen Sie dabei nicht die Wirkung des geschriebenen Wortes. Vielleicht zeigen Sie der anderen Seite ein Dokument, in dem einige Firmengrundsätze beschrieben sind. Häufig genügt so etwas, um die andere Seite dazu zu bringen, ein Angebot in Ihrem Sinne zu machen.

Firmenpolitik ins Spiel bringen

Gegentaktiken

Wenn die andere Seite eine höhere Autorität angibt, versuchen Sie zunächst herauszufinden, ob die höhere Autorität tatsächlich entscheidungsbefugt ist. Hinterfragen Sie, inwieweit Ihr Verhandlungspartner allein entscheiden kann und versuchen Sie ihn zu Zugeständnissen zu bewegen. Fragen Sie ihn, ob er sich bei der Autorität für Sie einsetzen wird. Versuchen Sie aus der Antwort abzuleiten, ob die Autorität für ihn die Entscheidung trifft. Vielleicht erhalten Sie eine Antwort wie „Ich denke, wir versuchen es mit Ihnen. Ich werde Sie weiterempfehlen und ich kann Ihnen versichern, dass man sich fast immer an meine Empfehlungen halten wird."

Wer trifft die Entscheidungen wirklich?

Bei einer derartigen Antwort können Sie darauf schließen, dass die höhere Autorität eigentlich keine Entscheidung trifft. Versuchen Sie die andere Person direkt auf Ihre Position anzusprechen und deren Geltungsbedürfnis zu Ihrem Vorteil zu nutzen. Sagen Sie vielleicht „Ein Mann in Ihrer Position kann so etwas doch allein entscheiden. Sie sind für diese Firma so wichtig. Es kann doch nicht sein, dass Sie für so etwas einen anderen um Erlaubnis bitten müssen."

Wenn Sie feststellen, dass eine höhere Autorität tatsächlich existiert, versuchen Sie direkt mit ihr zu verhandeln. Fragen Sie offen, warum jemand mit Ihnen verhandelt, der keine Entscheidung treffen darf, und fragen Sie, ob das Interesse der Entscheidungsebene so gering ist, dass es vielleicht gar nicht so wichtig ist, wenn alle Punkte für die höhere Autorität zufrieden stellend gelöst wurden. Versu-

Direkt mit der Autorität verhandeln

chen Sie die wahren Entscheidungsträger zu sprechen, weil sie oft nicht ausreichend vorbereitet sind und als Verhandlungspartner einfacher zu behandeln sind als Ihr direkter Ansprechpartner.

Sie können auch versuchen, die Möglichkeit einer höheren Autorität für die Gegenseite von vornherein auszuschließen. Fragen Sie bereits zu Beginn der Verhandlung, ob es bei zufrieden stellender Einigung für die andere Seite einen Grund gibt, Ihr Angebot trotzdem nicht anzunehmen. Gute Verkäufer verfahren so, wenn Sie etwas verkaufen wollen.

BEISPIEL

Ein Motorradhändler fragte mich kürzlich: „Eine Probefahrt ist nur bei ernsthaftem Interesse möglich. Wenn Sie das Motorrad fahren und zufrieden sind, werden Sie dann die Maschine kaufen?" Es fällt sehr schwer auf eine solch direkte Frage mit „Nein" zu antworten.

Gehen Sie niemals in eine Verhandlung mit der Behauptung, dass Sie eine Entscheidung allein treffen können. Nutzen Sie die Aussage, Sie seien nicht allein entscheidend, zu Ihrem Vorteil aus. Je weniger die Möglichkeit besteht, die höhere Autorität tatsächlich anzusprechen, desto besser wirkt diese Taktik.

Verhindern Sie, dass die andere Seite höhere Autoritäten einsetzt, indem Sie dies von vornherein durch die richtigen Fragen ausschließen. Loben Sie die Position und die Einflussnahme Ihres Gegenübers, um diesen dazu zu bewegen, die Taktik der höheren Autorität anzuwenden.

Guter Mann, böser Mann

BEISPIEL

Es ist Samstagabend, 21 Uhr. Sie sitzen vor dem Fernseher und sehen gerade, wie ein Krimi-Kommissar einen Verdächtigen verhört. Der arme Kerl sitzt schwitzend im grellen Licht, während der Kommissar ihm in düsteren Farben seine schlimmsten Befürchtungen darstellt: „Bei dem, was du dir geleistet hast, siehst du die Sonne nie wieder. Dafür sitzt du mindestens 20 Jahre ab. Du kannst von Glück reden, wenn du noch einmal lebend aus dem Knast herauskommst!". Der Verdächtige ist mittlerweile so eingeschüchtert, dass er kein Wort mehr sagen kann. Plötzlich wird der Kommissar herausgerufen und verschwindet für eine Weile. Nach einigen Minuten kommt ein zweiter Beamter mit freundlichem Gesicht. Er schaltet die Lampe aus, setzt sich zu dem Verdächtigen und bietet ihm etwas zu trinken und eine Zigarette an. „Junge, Junge. Da hast du dir ja was eingebrockt. Ich habe mich mal informiert. Aber ganz so schlimm ist es vielleicht gar nicht!" Der Verdächtige sieht hoch und ein Hoffnungsschimmer huscht über sein Gesicht. Fragend schaut er den Beamten an. „Ja, ich denke, da können wir beide noch was draus machen." „Wie meinen Sie das denn?", fragt der Verdächtige. „Warum erzählst du mir nicht einfach, woher du den Ermordeten kennst und wo du das Gift besorgt hast? Ich werde dann sehen, was ich für dich tun kann ..."

Es ist eine große Versuchung, dem zweiten Beamten zu glauben. Sicherlich wird er dem Verdächtigen auch noch andere Informationen entlocken. Die Technik „Guter Mann, böser Mann" ist seit langem bekannt. Ist man das Verhandeln nicht gewohnt, so kann man leicht glauben, dass der böse Kommissar es wirklich ernst meint und der „gute Mann" tatsächlich auf der Seite des Verdächtigen steht.

Verhandeln mit mehreren Gesprächspartnern

Häufig kommt es bei Verhandlungen vor, dass man es mit zwei oder mehr Verhandlungspartnern zu tun hat. Während der Verhandlungen lässt einer Sie wissen, dass er die Situation ungeheuerlich findet und nicht bereit sei, auch nur eine Sekunde länger mit Ihnen zu verhandeln. „Das ist ja unglaublich, was Sie da fordern. Ich glaube, Sie sind nicht an einer ernsthaften Lösung interessiert, sonst würden Sie sich nicht so verhalten!" Nachdem der „böse Mann" die Verhandlungen verlassen hat, werden Sie sich wahrscheinlich sehr verunsichert fühlen und überlegen, wie die Situation noch zu retten ist. Da kommt Ihnen der „Gute" zur Hilfe. „Oh je, so kenne ich ihn ja gar nicht. Mein Kollege scheint es tatsächlich ernst zu meinen. Aber, wenn Sie in diesem oder jenem Punkt ein wenig flexibler wären, könnten wir die Situation doch noch zum Guten wenden und ich bin überzeugt, er wäre bereit wieder ein wenig einzulenken."

Sollten Sie diese Technik nicht kennen, werden Sie wahrscheinlich ein wenig kleinlaut sagen „Ja, was meinen Sie denn? Wenn wir in dieser Sache ein wenig nachgeben würden und Ihnen an jener Stelle entgegenkommen? Denken Sie, Ihr Partner würde die Sache akzeptieren?"

Angst vor vorzeitigem Verhandlungsende

Genau dahin wollten die beiden Sie bringen. Jetzt ist es leicht, Ihnen noch weitere Forderungen abzuringen, die Sie aus Angst die gesamte Verhandlung oder gar den Auftrag zu verlieren, womöglich ohne Schwierigkeiten zugestehen werden.

Diese Technik setzt also immer voraus, dass es in der Verhandlung eine Person gibt, die Ihnen gegenüber offenbar nicht mehr zur Diskussion bereit ist, während die andere Person plötzlich vorgibt, auf Ihrer Seite zu stehen. Der „gute" Mann erweckt den Eindruck, er meine es wirklich ernst mit Ihnen und wird Hilfen anbieten, um später damit den Bösen zu überzeugen. Selbstverständlich sind diese Hilfestellungen genau das, was beide in der Verhandlung von Ihnen erwarten.

Diese Taktik gehört zu den bekanntesten und effektivsten Verhandlungstechniken. Sie sollten versuchen, diese Konstellation in jedem Fall zu erkennen, um ihre Anwendung von vornherein zu verhindern oder für sich selbst nutzbar zu machen.

Variante 1: Wer hat Angst vorm schwarzen Mann?

BEISPIEL

Ich hatte einmal mit einem Kunden zu tun, der während eines langfristigen Projektes plötzlich feststellen musste, dass er vergessen hatte die Kosten zu überwachen. Zu Beginn eines neuen Jahres waren bei ihm plötzlich Rechnungen aufgelaufen, die das Vielfache des ursprünglich geplanten Budgets ausmachten. Damit waren auch die Planzahlen für die kommenden Jahre bereits zum großen Teil weit überschritten. Da der Kunde nicht sehr geschickt in der Informationspolitik seines Unternehmens war, wussten seine Mitarbeitern bereits lange vorher, dass diese Situation bald eintreten würde, und so war es ein offenes Geheimnis, dass er im nächsten Schritt versuchen würde, die Budgetprobleme auf die externen Beratungsunternehmen auszulagern.

So war es auch nicht verwunderlich, dass der Kunde sich plötzlich wochenlang in Meetings und Projektsitzungen versteckte und sich jeder seiner Mitarbeiter weigerte, die von unserem Unternehmen angeforderten Leistungsnachweise zu unterschreiben. Nachdem einige Zeit vergangen war und diese Taktik des Ausweichens nicht mehr durchzuhalten war, vereinbarte ich mit dem Kunden eine Besprechung mit dem Ziel, die Leistungsnachweise kurz zu besprechen, damit diese vom Kunden unterzeichnet und abgerechnet werden konnten.
Zu diesem Zeitpunkt war bereits klar, dass der Kunde nicht die Absicht hatte die Nachweise zu unterschreiben, da es ja dann keinerlei Möglichkeit mehr gab, ausstehende Zahlungen zu verweigern. Ich machte mich also mit meinem Projektmanager auf den Weg zum Kunden. Eines war klar: der Kunde würde irgendeinen Vorwand anführen, der ihm letztendlich eine massive Kostenersparnis bringen sollte. Der Vorwand wurde dann auch unvermittelt angebracht, als nämlich ein Mitarbeiter des Kunden hereingeholt wurde, der mit hochrotem Kopf und peinlich berührt erklärte, er habe bei einem unserer Mitarbeiter den Eindruck, dieser sei nicht so qualifiziert wie der Projektmanager. Vor fünf Monaten habe man eigentlich erwartet, alle Mitarbeiter unseres Unternehmens könnten die gleiche Qualifikation vorweisen. „Ja, was sollen wir denn Ihrer Meinung nach tun?", fragte ich. „Wir erwarten, dass Sie die Kosten des Mitarbeiters rückwirkend reduzieren und uns so einen Preisnachlass von 45 000 € gewähren!" Damit war nun endlich die wahre Absicht heraus. Um mir einen Zeitvorteil zu verschaffen, fragte ich, warum seinem Mitarbeiter dies erst nach fünf Monaten aufgefallen sei, wo er doch täglich mit dem Kunden in Kontakt war. Da diese Frage nicht beantwortet wurde, schlug ich vor, die Diskussion für einen Tag zu unterbrechen, damit ich von unserem Mitarbeiter Informationen zu der Problematik einholen könnte.
An dieser Stelle ist es wichtig zu wissen, dass der Kunde mit seiner Taktik keine böswillige Absicht verfolgte und nur von der Geschäftsleitung gezwungen worden war, einen finanziellen Vorteil für das Unternehmen herauszuholen. Er war überhaupt

nicht an einem Streit interessiert und wollte mir mit dem Vorwand nur den Ball zuspielen, der es mir erlaubte, der „begründeten" Forderung nachzugeben. Selbstverständlich war dies nicht im Sinne meines Unternehmens und hätte dem finanziellen Erfolg des Projektes enorm geschadet.
Ich führte die Diskussion beim Kunden dann weiter, indem ich auf meinen Geschäftspartner hinwies, den der Kunde gar nicht kannte. „Hören Sie", sagte ich, „mein Kompagnon ist ein harter Bursche. Der kennt weder Sie noch dieses Projekt und ich werde ihm sicherlich nicht klarmachen können, dass ein von Ihnen unterzeichnetes Angebot nach so langer Zeit plötzlich geändert werden sollte, obwohl Sie doch schon seit fünf Monaten den Mitarbeiter akzeptieren. Mein Partner ist in solchen Fällen gnadenlos und ich glaube, Sie hätten vor Gericht wenig Chancen Ihre Forderungen durchzubringen, zumal das Projekt in seiner Gesamtheit erfolgreich verlaufen ist und jede unserer Leistungen in den vereinbarten Zeiträumen abgeschlossen wurde. Mir sind in diesem Fall die Hände gebunden."
Der Kunde antwortete dann darauf, dass er trotzdem der Meinung sei, ich müsste ihm einen Gefallen tun, wozu ich natürlich gerne bereit war, sofern es sich um eine Leistung handelte, die erst noch erbracht werden würde. Wir einigten uns dann darauf, dass der Kunde in Zukunft zu einem günstigeren Preis bedient werden würde. Im Gegenzug musste er uns eine bestimmte Menge Beratungstage garantieren, sodass wir den Kunden trotz seines akuten Geldmangels weiter als Kunden behalten konnten, während er seiner Geschäftsleitung ein Angebot präsentieren konnte, das ihm eine Preisersparnis in der Zukunft gewähren würde. Unser Projektmanager erklärte sich außerdem bereit, dem Kunden noch einige seiner freien Tage kostenlos zur Verfügung zu stehen, um eine Schulung seiner Mitarbeiter vorzunehmen.

Das wichtigste Element an dieser Verhandlung war, dass der Kunde davon ausging, von mir den gewünschten Preisnachlass zu erhalten. Der Hinweis auf den „bösen Mann" im Hintergrund, meinen Geschäftspartner, war ein Argument, gegen das der Kunde keine Einwände bringen konnte und das es mir erlaubte, meinen Standpunkt ohne weitere Argumentation einzuhalten. In diesem Fall konnte ich Nachgiebigkeit demonstrieren, ohne ein echtes Zugeständnis machen zu müssen.

Der „böse Mann" im Hintergrund

Der „böse Mann" war in diesem Fall eine unbekannte Autorität im Hintergrund, die der Verhandlungspartner nicht kannte und daher nicht einschätzen konnte. Der angenehme Nebeneffekt war, dass beide Parteien in diesem Fall als Gewinner aus der Diskussion herauskamen und jeder etwas für sein Unternehmen gewinnen konnte.

Nutzen Sie also die Technik „Guter Mann, böser Mann" auch dann, wenn Sie keine höhere Autorität im Hintergrund haben, auf die Sie sich beziehen können.

Variante 2: Regeln Sie das lieber noch mit mir!

BEISPIEL

In einer Verhandlung passierte es mir einmal, dass ein Kunde nicht bereit war, die von mir vorgeschlagenen Vertragsklauseln zur Leistungsabnahme zu akzeptieren. Es war dem Kunden jedoch äußerst wichtig, in kurzer Zeit zu einer Einigung zu kommen. Ich konnte den Kunden schließlich davon überzeugen, dass es für beide Seiten sinnvoller wäre, den Vertrag in der vorgelegten Form zu unterschreiben. „Wie Sie wissen, bin ich ab dieser Woche in Urlaub. Ich müsste dann die Sache meinem Projektmanager überlassen. Dieser ist ausgesprochen hartnäckig. Wenn Sie erst mit ihm verhandeln müssen, kann es Wochen dauern, bis Sie zu einer Einigung kommen. Er ist äußerst detailorientiert und kann, wenn es sein muss, tagelang über Kleinigkeiten diskutieren. Ich denke, dass er in keinem Fall auf alle Ihre Vorschläge eingehen wird. Es könnte sogar sein, dass er dann wieder versuchen wird, die bereits geklärten Punkte noch einmal anzusprechen. Sollten wir nicht besser versuchen, die Angelegenheit zu regeln, solange wir beide miteinander sprechen können?"
Der Vertrag wurde dann doch noch an meinem letzten Arbeitstag unterschrieben, sodass dem Start des Projekts nichts mehr im Wege stand.

Das Interessante an dieser Variante: Die Taktik „Guter Mann, böser Mann“ wird mit dem Faktor Zeitdruck kombiniert. Der Partner bekommt auf diese Weise ein Argument für das Akzeptieren Ihrer Bedingungen, sodass er es innerhalb seiner Firma glaubhaft darstellen kann, warum er auf diese Weise handeln musste.

Gegentaktiken

„Böser Mann“

Eine wirkungsvolle Gegentaktik besteht darin, dass Sie, sobald Sie feststellen, dass der gute Mann Ihnen seine Freundschaft anbietet, ihn darauf hinweisen, dass Sie das Spiel erkannt haben. „Entschuldigen Sie, Sie versuchen doch nicht etwa ‚Guter Mann, böser Mann‘ mit mir zu spielen? Ich gehe davon aus, dass Sie – genau wie Ihr Kollege – die gleichen Interessen vertreten. Alles, was Ihr Kollege oder Sie sagen, werde ich Ihnen beiden zuschreiben.“ Auf diese Weise entziehen Sie der Taktik in der Regel sofort ihre Wirkung. Sie können auch den „bösen Mann“ darauf hinweisen, dass Sie seine Taktik durchschaut haben, und ihn so dazu bewegen, die Verhandlung „vernünftig“ weiterzuführen.

Handelt es sich bei dem „bösen Mann“ um eine unbekannte höhere Autorität, dann weisen Sie darauf hin, dass Sie nur mit der Person verhandeln werden, die tatsächlich die Entscheidungen trifft. „Wenn Sie gar nicht die Entscheidungen treffen können, aus welchem Grund diskutiert dann nicht Ihr Vorgesetzter oder Ihr Partner direkt mit mir?“ Haben Sie dann plötzlich zwei „böse Männer“ vor sich, wird es schwierig, die Taktik weiterzuführen.

Vorgesetzte

Haben Ihre Gegenspieler weitere Vorgesetzte, so ziehen Sie diese in die Sache hinein. Weisen Sie sie darauf hin, dass deren Mitarbeiter versuchen, mit Ihnen „Spielchen“ zu spielen. Geben Sie an, dass Sie nicht mehr zu weiteren Verhandlungen bereit sind, wenn dies fortgesetzt wird.

Beachten Sie dabei, dass die Gegenseite genauso unter Druck steht wie Sie selbst. Auch wenn es vielleicht nicht den Anschein hat, werden Sie feststellen, dass die Diskussionsbereitschaft deutlich steigt, wenn Sie signalisieren, dass Sie nicht mit sich „spielen“ lassen.

Sei schlau, bleib lieber dumm!

In meiner Branche hat man es häufig mit sehr klugen Köpfen zu tun. Die meisten Spezialisten der Branche verfügen über einen außergewöhnlichen Verstand. Ständig sind sie gefordert, sich komplizierte Sachverhalte zu merken und dabei auch allen Details die erforderliche Aufmerksamkeit zu widmen.

Die Erfahrung zeigt, dass es einfacher für die Gegenseite ist, in einer Verhandlung die eigenen Ziele durchzusetzen, wenn die andere Seite sich für besonders klug hält und sich dementsprechend verhält. Wie kommt das?

Es gibt mehrere Gründe dafür und dies zeigt, dass es sich lohnt, lieber nicht zu klug zu scheinen, sondern sich ein wenig dumm zu stellen!

Das Selbstverständnis

Das verraten Antworten

Es ist sehr einfach zu erkennen, ob man es mit einem Verhandlungspartner zu tun hat, der sich selbst für besonders klug hält. Allein an den Antworten erkennt man bereits, welches Selbstverständnis die Person hat.

- „Das brauchen Sie mir nicht mehr zu erklären, das versteht sich von selbst!"
- „Wir sind doch beide erfahren genug, darüber brauchen wir doch nicht mehr zu reden!"
- „Ich bin schon seit 15 Jahren in diesem Geschäft und kenne alle Höhen und Tiefen!"

Verhandeln mit einem „schlauen Fuchs"

Manche Personen gehen sogar noch weiter und bezeichnen sich selbst als „schlauen Fuchs", dem man nichts vormachen kann und der mit allen Wassern gewaschen ist.

Bringt Ihr Verhandlungspartner ein solches Selbstverständnis mit in die Verhandlung, dann haben Sie es in der Regel sehr leicht, die Verhandlung nach Ihren Vorstellungen zu führen. Verlassen Sie sich darauf, dass das Ego des anderen die Verhandlung zu Ihren Gunsten beeinflussen wird.

Da die Person ungern zugeben wird, dass sie etwas nicht verstanden hat, brauchen Sie für viele Dinge keinerlei Erklärungen abgeben. Sie können durch entsprechendes Verhalten so tun, als ob Sie voraussetzen, dass der andere die Dinge auch so sieht – zumindest, wenn er so klug ist, wie er vorgibt.

Das Ziel

Personen, die sich selbst als besonders klug bezeichnen, brauchen von Ihnen Bestätigung. Sie zielen in der Verhandlung nicht unbedingt nur darauf, ihre Erwartungen durchzusetzen, sondern warten mindestens genauso auf eine Bestätigung, dass sie besonders schlau verhandelt haben. Diesen Wunsch können Sie ihnen leicht erfüllen.

Bestätigung geben und zeigen

Geben Sie Ihrem Verhandlungspartner die Bestätigung, die er braucht, und gratulieren Sie ihm zu jedem noch so unbedeutenden Fortschritt. Sagen Sie ihm, dass er es meisterhaft versteht, seinen Standpunkt klarzumachen, und loben Sie sein Verhandlungsgeschick. Sie werden feststellen, dass er es Ihnen dann um so leichter machen wird, Ihre eigenen Interessen durchzusetzen. Beachten Sie: Der andere baut einen großen Teil seines Selbstbewusstseins auf der Annahme auf, dass er ein geschickter und intelligenter Verhandlungspartner ist. Wenn Sie ihn darin bestätigen, dann ist dies für ihn schon wie ein kleiner Sieg.

Der Gegner des Klugen

Menschen, die sich selbst für besonders klug ausgeben, sind in der Regel nicht besonders beliebt. Es liegt nahe, sie als Rivalen zu betrachten, deren Interessen man auf keinen Fall akzeptieren kann. Manche Menschen benutzen einen intellektuellen Vorsprung sogar, um bei anderen Menschen ein Gefühl der Unterlegenheit hervorzurufen. Sie versuchen, selbst „größer" zu scheinen, indem sie den anderen kleiner machen.

Vermeiden Sie Provokation

Treten Sie deshalb bewusst so auf, dass Sie die Gegenseite nicht durch ein besonders kluges Auftreten provozieren. Auf diese Weise vermeiden Sie, dass gefühlsmäßige Reaktionen das Verhandlungsergebnis negativ beeinflussen können.

Die Fallstricke des klugen Egoisten

Wie wir bereits feststellen konnten, braucht das Ego des „schlauen Fuchses" ständige Bestätigung. So unterlaufen solchen Menschen häufig Verhandlungsfehler.

Bringen Sie solche Personen dazu, schnelle Entscheidungen zu treffen. Wer sich selbst für schlau hält, wird ungern zugeben, dass er Zeit für Entscheidungen braucht. Er muss sich im Gegenteil selbst bestätigen, dass er alle notwendigen Informationen besitzt und die Lösung bereits kennt. Auf diese Weise bekommt er die Bestätigung, dass er klug ist und Recht behalten hat.

Schnelle Entscheidungen werten auf

Wenn Sie diesen Moment richtig nutzen, können Sie den Faktor Zeit zu Ihrem Vorteil einsetzen und Entscheidungen zu Ihren Gunsten beeinflussen.

Schließen Sie höhere Autoritäten aus. Je stärker Ihr Verhandlungspartner von sich eingenommen ist, desto sicherer können Sie sein, dass es sein Selbstwertgefühl fordert, alle wichtigen Entscheidungen allein treffen zu können. Auf diese Weise vermeiden Sie, dass weitere Personen hinzugezogen werden, die Entscheidungen zu Ihren Ungunsten beeinflussen könnten.

BEISPIEL

Ein Geschäftsführer eines Unternehmens teilte mir kürzlich mit, dass er der Einzige in seinem Unternehmen sei, der Entscheidungen über Preise, Angebote und Verträge treffen könne. Ich sollte deshalb ausschließlich mit ihm über diese Themen reden und die Aussagen seines Geschäftsführerkollegen gar nicht erst einholen. Der andere hätte zwar die gleiche Position inne, wäre jedoch nicht in der Lage, solche wichtigen Entscheidungen ohne ihn zu klären. Interessanterweise bestätigte mir sein Kollege diese Haltung sogar. Damit haben sich die beiden langfristig von einem sehr wichtigen Verhandlungsfaktor verabschiedet.

Sie können Ihren Verhandlungspartner sogar dazu herausfordern, Entscheidungen sofort zu treffen, indem Sie seine alleinige Kompetenz (vorsichtig) hinterfragen.

Schließen Sie Expertenmeinungen aus. Wer alle Autorität an sich reißen möchte, gibt auch nicht gerne zu, dass er Wissenslücken hat. Sie können vor diesem Hintergrund verhindern, dass Experten hinzugezogen werden. Da der egozentrische Verhandlungsstratege gerne allein entscheidet, wird er selten auf die Meinung von Fachleuten, Ingenieuren, Steuerberatern oder Rechtsanwälten zurückgreifen. Schließlich verstehen diese Leute weniger von seinem Geschäft als er selbst. Er wird deshalb kaum Ratschläge akzeptieren, hält die Ratschläge solcher Personen in der Regel für unzureichend und vertraut lieber seinem eigenen Gefühl.

Intensive Vorbereitung verhindern

Verhindern Sie die intensive Vorbereitung. Wenn Sie einer solchen Person die Wichtigkeit einer Verhandlung klarmachen können und ihre Position und Kompetenz loben, ist es einfacher sofort Zeit für ein Gespräch zu bekommen. Schließlich können wichtige Personen frei über ihre Zeit verfügen. Ihr Vorteil ist, dass Sie auf diese Weise der Gegenseite weniger Zeit lassen, sich auf eine Verhandlung vorzubereiten.

Häufig wird ein egozentrischer Verhandlungsgegner auch keine schriftlichen Notizen über den Verhandlungsgegenstand machen und sich nicht ausreichend vorbereiten. Sie hingegen können sich Ihre Argumente zurechtlegen und an entscheidender Stelle vorbringen.

Die Vorteile des „Dummen"

Nehmen Sie sich Zeit. Ihr Verhandlungspartner wird durch Ihre bewusst langsamen Reaktionen verstehen, dass Sie für Entscheidungen Zeit brauchen. Sie können jedes Detail einer Sache mehrfach hinterfragen und es wird ihm eine Freude sein, Ihnen die Sache genau zu erklären. Schließlich kann er Ihnen zeigen, wie gut er sich auskennt und wird Ihnen vielleicht sogar Informationen zu seinem Standpunkt geben, um die Sie gar nicht gebeten haben. So wird Ihnen eine Hilfe zuteil, die man nur einem Gegenüber gibt, den man für nicht bedrohlich hält. Man kann dieses Verhalten übrigens auch beim Sport beobachten. Ein überlegener Sportler hilft einem Anfänger so zu einem kleinen Erfolgserlebnis.

Fragetechniken einsetzen

Stellen Sie Fragen und setzen Sie Fragetechniken ein, um Gedanken und Absichten des anderen herauszufinden. Sie können es sich schließlich leisten, Fragen zu stellen, da Sie ja vorgeben, nicht mit dem scharfen Verstand Ihres selbstsicheren Gegenübers ausgestattet zu sein.

Nutzen Sie Ratgeber, wann immer Sie dies für richtig halten. Benutzen Sie das Prinzip der höheren Autorität, um keine Entscheidung sofort treffen zu müssen.

Nutzen Sie Ihre Notizen, halten Sie Entscheidungen Ihres Verhandlungspartners immer schriftlich fest und fertigen Sie Besprechungsnotizen und Protokolle an.

Glaubwürdig bleiben

Achten Sie auf Ihre Glaubwürdigkeit und bei aller Zurückhaltung darauf, dass Sie immer glaubwürdig erscheinen. Wenn Sie als Experte in Ihrem Fachgebiet gelten, fühlen und handeln Sie auch so. Ein EDV-Experte, der sich als inkompetent verkauft, wird Misstrauen wecken. Sie dürfen Ihr Wissen in speziellen Bereichen durchaus einbringen, um Ihre Glaubwürdigkeit zu beweisen. Sonst wird die Gegenseite das Gefühl bekommen, Sie wollten sie hinters Licht führen, und wird Sie dann doch als „gefährlich" einstufen.

Klein fängt Groß

Einer unserer Mitarbeiter setzt diese Taktik ein, wenn es darum geht, Kunden – insbesondere Neukunden – zum Akzeptieren eines guten Angebotes zu bewegen. Häufig stellt man fest, dass genau dies vielen Menschen trotz guter Argumente zunächst schwer fällt. Oft beobachtet man, wie andere zögern ein Angebot anzunehmen, obwohl alle ihre Wünsche und Vorstellungen berücksichtigt wurden. Je wichtiger und entscheidender eine Sache nämlich ist, desto länger denkt man nach, ob auch wirklich alles perfekt ist. Die eigene Unsicherheit sorgt dafür, dass man immer wieder versucht alle negativen Möglichkeiten zu überdenken und auszuschließen.

Für die andere Seite ist dieses Zögern häufig irritierend oder nicht zu verstehen, da man doch alles geboten hat, was offensichtlich gefordert wurde. Man hat ein Angebot bereits mehrfach überarbeitet und angepasst und der Verhandlungspartner hat alles akzeptiert. Und doch schließt er nicht ab.

Entscheidungsfindung erleichtern

Stellen Sie in einer Verhandlung ein solches Zögern fest, versuchen Sie Ihrem Gegenüber die Entscheidung zu erleichtern. Bewegen Sie ihn doch zunächst einmal dazu, weniger wichtige Punkte zu entscheiden.

Bei großen Angeboten können Sie beispielsweise versuchen, zunächst nur einen bestimmten Teil zu verkaufen. Bei Programmierprojekten kann man häufig einen Kunden gewinnen, indem man ihm zunächst nur ein Pflichtenheft anbietet. Der Kunde geht dann ein geringes finanzielles Risiko ein und kann den Erfolg sehr schnell beurteilen. Wenn das Pflichtenheft vorliegt, geht der Kunde in der Regel davon aus, dass das Unternehmen, das das Heft erstellt hat, auch am besten für die daraus folgenden Aufgaben qualifiziert ist. In anderen Fällen kann man vielleicht erst einmal eine Schulung verkaufen, um den Kunden dauerhaft zu binden.

Lockangebote

Viele Unternehmen gehen sogar so weit, dem Kunden so genannte Lockangebote zu verkaufen. Der Kunde wird dann dazu bewegt, ein extrem günstiges Produkt zu kaufen. Das große Geldverdienen kommt dann erst mit zusätzlichen Produkten.

Aus genau diesem Grund sind zum Beispiel viele Maschinenhersteller dazu übergegangen, Garantieansprüche verfallen zu lassen, wenn ein Kunde Zubehörteile anderer Herstellern verwendet. In der EDV folgen vor allem Hersteller von Tintenstrahldruckern dieser Taktik. Die Drucker sind mittlerweile auf einem Preisniveau angelangt, bei dem kein Gewinn mehr zu erzielen ist. Druckerpatronen jedoch bieten den Herstellern die Möglichkeit, den Preisabfall wieder auszugleichen. Auch Zubehörteile wie Druckerkabel oder Speichererweiterungen gehören dazu.

Manche Unternehmen gehen noch weiter. Sie stellen Geräte oder Systeme her, die man nur mit speziellen Ersatzteilen ausstatten kann oder die nur von besonderem Personal bedient werden können. Damit wird der Kunde abhängig gemacht. Er ist nicht mehr in der Lage den Anbieter zu wechseln, es sei denn, er schafft das gesamte Produkt wieder ab. Für den Anbieter stellt diese Art der Kundenbindung eine für lange Zeit garantierte Einnahmequelle dar.

BEISPIEL

Eine geradezu unseriöse Praktik begegnete mir, als ich gerade zwölf Jahre alt war und meine erste Stereoanlage kaufen wollte. In einem Prospekt bot ein Anbieter die von mir gewünschten Geräte zu einem extrem günstigen Preis an. Trotz der großen Entfernung zum Geschäft konnte ich meinen Vater überzeugen mit mir in diese Stadt zu fahren, um dort die Geräte zu kaufen. Dort angekommen, wurde uns mitgeteilt, dass alle Geräte bereits verkauft wären. Der Verkäufer war jedoch der

Meinung, dass die Geräte eines anderen Anbieters ohnehin viel besser seien und bot uns ein völlig anderes System an, das teurer als das andere war. Bereits so weit gefahren, wollten wir nicht mit leeren Händen nach Hause kommen und kauften dieses System. Die Entscheidung, den Weg nicht noch einmal auf uns nehmen zu müssen, hatte uns dazu gebracht, ein Gerät zu akzeptieren, dass wir ursprünglich nicht kaufen wollten. Der Verkäufer hatte es also geschafft, uns mit seinem Lockangebot zu einem Kauf zu überreden!

Prinzip der kleinen Schritte

Wenn Sie also in Verhandlungen oder bei Angeboten einen Kunden vom Kauf überzeugen möchten, beachten Sie das Prinzip der kleinen Schritte. Versuchen Sie Teilerfolge zu erzielen und regen Sie die Vorstellung Ihres Kunden an: Wie wäre es für ihn, wenn er das ganze Produkt bereits in Händen hielte? Die Taktik wird auch gerne angewendet, wenn eine Immobilie verkauft werden soll. Der Makler könnte Ihnen zunächst ein paar Fragen stellen: „Wo werden Sie Ihr Schlafzimmer einrichten?" – „Könnten Sie sich diesen Raum als Arbeitszimmer vorstellen?" – Wenn Sie jetzt „Ja" sagen, ist der erste Schritt zum Kauf getan, denn Sie haben innerlich schon die erste kleine Entscheidung getroffen.

Das Callgirl-Prinzip

Preisverhandlungen vor der Leistung abschließen

Das Callgirl-Prinzip hat seinen Namen von einer Berufsgruppe, die folgende Strategie erfolgreich einsetzt: Eine bestimmte Dienstleistung kann man besonders teuer verkaufen, wenn der Kunde ein eiliges und starkes Kaufbedürfnis hat. Verhandelt man dagegen erst nach erbrachter Leistung über den Preis, wird der Kunde vielleicht vorbringen, dass die Leistung nicht zufrieden stellend war, und ist dann nicht mehr bereit, denselben hohen Preis zu zahlen. Daraus lässt sich ableiten, dass ein Preis für eine (Dienst-)Leistung häufig weniger akzeptiert wird, wenn die Leistung ausgeführt wurde.

BEISPIEL

Ein Problem, das ich sehr oft mit Partnerunternehmen habe, ist die Diskussion über Provisionsanteile. Wenn ich dem Partner eine Dienstleistung vermittle oder einen interessanten Kunden vorstelle, ist er häufig bereit jede Einschränkung und Provision zu akzeptieren, solange er nur den Auftrag erhält. Hat der Partner jedoch bereits dazu beigetragen, dass der Kunde den Auftrag erteilt oder ist er bereits erteilt, ändert sich die Haltung. In dieser Phase der Leistungsumsetzung hat der Partner häufig den größeren Leistungsanteil. Kommt es noch einmal zu einer Verhandlung über die Verteilung von Provisionen, bringt der Partner häufig vor, dass sein Anteil an der Sache doch wesentlich größer sei. Schließlich sei er für die gesamte Umsetzung verantwortlich, ich hingegen hätte ihn ja nur zu einem Vorstellungstermin begleitet. Der Wert der Vermittlung sinkt in dem Moment, wo der Auftrag erteilt ist. Aus diesem Grund ist es ratsam, Provisionen und Vermittlungsgebühren immer vor Beginn der Zusammenarbeit festzulegen. So entsteht später kein Streit.

Diskussionen über Wert einer Leistung vermeiden

Nutzen Sie die Kenntnis dieses Prinzips und erbringen Sie keine Leistung ohne Gegenleistung. Legen Sie Ihren Preis oder den Anteil immer vorher fest. Damit ersparen Sie sich lange Diskussionen über den Wert Ihrer Leistung. Später wird Ihr Opponent immer denken, dass sein Anteil an der Leistung der größere war, denn er kann Ihren Aufwand nicht einschätzen, und wird versuchen, Ihren Anteil zu schmälern.

Gruppendruck

Menschen verhalten sich in Gruppen bekanntlich anders als allein. Als Mitglied einer Gruppe fühlt man sich stärker und sicherer. Meinungen werden geteilt; individuelle Meinungen gehen dabei schnell unter.

Wenn Sie Termine bei Kunden und Verhandlungspartnern wahrnehmen, rechnen Sie wahrscheinlich nur mit einem oder zwei Gesprächspartnern. Plötzlich sehen Sie sich jedoch mit einer ganzen Gruppe konfrontiert. Anstatt das persönliche Gespräch führen zu können, wofür Sie sich vorbereitet hatten, löst ein Gremium in diesem Moment großen Stress bei Ihnen aus. Manche Verkäufer geraten in einer solchen Situation derart unter Druck, dass sie sich zu Zugeständnissen hinreißen lassen, die sie später bereuen. Sie stehen derart unter Stress, dass sie ihr Selbstvertrauen verlieren. Die gleiche Situation entsteht häufig in Bewerbungsgesprächen. Dort werden Bewerber gleich von einer ganzen Gruppe von Vorgesetzten und Kollegen interviewt.

Gegentaktik

Die beste Gegentaktik für einen solchen Überfall besteht darin, sich souverän zu geben. Sie sollten in der Lage sein, Präsentationen und Moderationen vor großen Gruppen auch ohne große Vorbereitung sicher durchzuführen. Diese Sicherheit erreicht man nur durch entsprechendes Training. Besuchen Sie regelmäßig Rhetorikseminare und versuchen Sie, oft vor großen Gruppen zu reden. Anlässe hierzu gibt es viele im Verein oder auf einer Party, bei Hochzeiten, Geburtstagen oder ähnlichen Festen.

Rhetorische Sicherheit durch Schulung gewinnen

Halten Sie Vorträge vor bekanntem Publikum, zum Beispiel Ihren Kollegen. Auf diese Weise wird es leichter, auch vor fremden Menschen sicher zu agieren. Haben Sie diese Sicherheit erst einmal gewonnen, kann eine Gruppe Sie nicht mehr unter Druck setzen. Es macht Ihnen dann auch nichts mehr aus, ob Sie vor Gruppen oder mit einem Einzelnen sprechen.

Druck durch Kollegen

Manche Kunden oder Kollegen versuchen Druck gegen andere aufzubauen, indem sie diese bei Vorgesetzten und anderen Abteilungen schlecht machen. Sie versuchen dabei andere gegeneinander auszuspielen und eigene Vorteile zu erzielen.

BEISPIEL

> Es kommt vor, dass sich Kunden bei mir über einen meiner Mitarbeiter beschweren. Ziel des Kunden ist eine Antwort in der Form „Oh, das tut mir Leid. Da werde ich einmal ein ernstes Wörtchen mit dem Mitarbeiter reden. Was kann ich nun tun,

um Ihnen in der Sache zu helfen?". Der Kunde hofft auf einen Vorteil oder dass ich ihm jetzt einen besonderen Gefallen erweise.

Gegentaktik

Tritt der Fall ein, dass man sich bei Ihnen über eine andere Person beschwert, dann sorgen Sie für eine klare Trennung zwischen sich und dem angeschwärzten Mitarbeiter. Eine Ihrer möglichen Antworten könnte lauten: „Sehr interessant, was Sie mir da über Ihren Mitarbeiter erzählen. Das werde ich sofort an ihn weitergeben, damit er sich mit Ihnen zusammensetzen kann und über eine mögliche Lösung spricht." Auf diese Weise zeigen Sie Verständnis und gleichzeitig, dass Sie eine offene Informationspolitik unterstützen. Ihr Gesprächspartner wird diese Taktik in Zukunft wahrscheinlich nicht mehr bei Ihnen versuchen.

Offene Informationspolitik

Sind Sie selbst der angesprochene „Problemfall", so versuchen Sie, in einem klärenden Gespräch mit beiden Personen für ein klares Bild zu sorgen. Bestehen Sie darauf, dass Sie in Zukunft bei Problemen von beiden Seiten informiert werden, damit Probleme schnell und zufrieden stellend gelöst werden können.

Sag niemals nie

Sie sind Polizeibeamter und müssen mit einem Geiselnehmer verhandeln. Dabei können Sie sicher sein, dass diese Person eines niemals akzeptieren wird: ein entschiedenes Nein. Werfen Sie einem Verhandlungspartner einfach ein Nein an den Kopf, dann können Sie sicher sein, dass Sie damit Widerstand und möglicherweise Rachegelüste provozieren.

Wenn Sie in einer geschäftlichen Verhandlung stehen und das Gespräch mit den Worten eröffnen „Wir werden Ihre Forderungen niemals akzeptieren!", dann riskieren Sie allenfalls, dass die Gegenseite eine Abwehrhaltung einnimmt und nun zu keinerlei Zugeständnissen mehr bereit ist. So erreichen Sie höchstens, dass die Verhandlungen ins Stocken geraten und Sie sich in eine Sackgasse manövriert haben, aus der Sie so leicht nicht wieder herauskommen.

Sind die Forderungen der Gegenseite für Sie nicht akzeptabel, begegnen Sie der anderen Seite mit einer positiven Grundhaltung. Sagen Sie „Ich werde sehen, was sich machen lässt, aber dafür brauche ich Zeit." Vermitteln Sie das Gefühl, dass Sie ernsthaft versuchen, die Forderungen zu respektieren, und dass Sie die Angelegenheit prüfen werden. Dabei machen Sie keinerlei Zusagen, die die andere Seite später einfordern kann. Deshalb achten Sie bitte sehr genau auf Ihre Formulierungen. Ihr Ziel sollte stets sein, der Gegenseite das Gefühl zu vermitteln, dass Sie ihre Forderungen ernst nehmen und an einer Lösung interessiert sind.

Was ist zu tun?

Keine Leistung ohne Gegenleistung

Ein weiteres wichtiges Verhandlungsprinzip: Machen Sie keine Zugeständnisse, bieten Sie keine Leistung oder Vergünstigung an, ohne dass die Gegenleistung klar ist. Die Gegenseite muss lernen, dass sie für alles eine Gegenleistung zu bieten hat.

Selbst wenn die Gegenleistung Ihnen kaum etwas wert ist und Sie deshalb vielleicht dazu neigen, den anderen ohne Gegenleistung davonkommen zu lassen, fordern Sie etwas zurück. Sie laufen sonst Gefahr, dass die anderen immer ein Entgegenkommen verlangen oder Ihnen persönliche Schwäche unterstellen. Machen Sie es sich also zum Prinzip, immer etwas zu verlangen, gerade dann, wenn Sie an einer Stelle nachgeben.

Leistung ohne Inhalt

Fordert die andere Seite von Ihnen Nachgeben bei einer Verhandlung und können Sie keine weiteren Zugeständnisse machen? Vielleicht können Sie die andere Seite mit einem „Scheinvorteil" zufrieden stellen. Denn oft möchte die Gegenseite einfach nur noch das Gefühl spüren, ein wenig mehr zu bekommen.

Vielleicht sind Sie Verkäufer und haben tatsächlich Ihren günstigsten Preis bereits zugesagt? Dann gibt es weitere Dinge, die Sie der Gegenseite anbieten können, ohne selbst größeren Schaden zu haben. Die folgenden Beispiele zeigen solche Leistungen:

- Bieten Sie der Gegenseite an, selbst über den Auftrag Aufsicht zu führen. Sagen Sie „Ich garantiere Ihnen, dass ich mich höchstpersönlich um die Lieferung kümmern und bei der Auslieferung dabei sein werde, damit Sie garantiert den bestmöglichen Service erhalten."

- Versprechen Sie der anderen Seite, dass sie die Lieferung bereits am nächsten Tag (in der nächsten Woche) als erster Kunde erhält, wenn Ihnen der Liefertermin keine Probleme bereitet.
- Legen Sie ein Werbegeschenk dazu, wenn der Kunde Ihr Angebot annimmt.
- Bieten Sie dem Kunden eine kostenlose Einweisung in das Produkt an, vielleicht durch Sie selbst.

Damit erhöhen Sie die Kundenzufriedenheit und können möglicherweise noch weitere Verkäufe verbinden. Setzen Sie Ihre Fantasie ein, um weitere Möglichkeiten zu finden. Auf diese Weise legen Sie sich ein Depot von möglichen Leistungen zu, die Sie wenig kosten und Ihnen zusätzliche Verhandlungsfreiräume bieten.

Einkäufer-Taktiken

Gegenseitiges Ausspielen

Leistung ohne Gegenleistung

Bei diesem oft eingesetzten Druckmittel versucht Ihr Opponent Sie gegen andere Mitbewerber und Anbieter auszuspielen. Sein Ziel ist es, Ihnen immer mehr Zugeständnisse abzuverlangen, ohne selbst eine Gegenleistung zu erbringen. Hiermit will er versuchen Ihre „Grenzen" herauszufinden. So passiert es häufig, dass im Gespräch Ihnen gegenüber plötzlich erwähnt wird, wie entgegenkommend die Konkurrenz ist: „Wenn Sie Ihre Qualitätsprobleme nicht in den Griff bekommen ... Wir haben auch noch andere Lieferanten!" Bei solchen Andeutungen muss noch kein Grund zur Beunruhigung bestehen, da es sich um einen gut gemeinten Hinweis handeln kann. Sie müssen nur die erwähnten Probleme in den Griff bekommen. Aber selbst wenn es die Gegenseite ernst meint, sollten Sie sich nicht herunterhandeln lassen. Erklären Sie Ihrem Gegenüber bestimmt: „Ich kann Ihnen leider nicht weiter entgegenkommen. Hier ist für mich die Grenze erreicht!"

Unmöglichkeiten

Manche Einkäufer fordern von Vertretern Unmögliches. Ein Vertreter, der im Verhandeln unsicher ist, geht dieser Taktik schnell auf den Leim. Je mehr der Kunde ihn unter Druck setzt, desto schwächer wird der Widerstand. Am Ende des Gesprächs lenkt er vielleicht kleinlaut ein und verspricht dem Kunden, die utopischen Forderungen zu erfüllen.

Rückgrat zeigen

Für den Verkäufer ist es in einer solchen Situation jedoch besser, Rückgrat zu zeigen. Denn die Probleme, die er bei seinem Kunden vielleicht vermieden hat, wird er möglicherweise in seinem Unternehmen bekommen. Seine Geschäftsleitung oder die Produktionsabteilung wird wenig Verständnis für eine Zusage utopischer Leistungen aufbringen. Es ist daher besser, den Kunden zu fragen, ob er die Forderungen tatsächlich ernst meint und was der Grund für die Forderungen ist. So lässt sich leichter eine gemeinsame tragfähige Lösung finden.

Plötzlicher Zeitdruck

Sehr beliebt ist es auch, dem Verkäufer die vorgesehene Zeit ohne Ankündigung zu verkürzen. Vielleicht kommen Sie als Verkäufer mit der Vorstellung an, 45 Minuten Zeit für eine Präsentation zu haben. Nun wird Ihnen kurz vorher mitgeteilt, dass Ihnen wegen interner Probleme nur zehn Minuten Zeit zur Verfügung stehen.

Entscheiden Sie nun spontan zwischen den folgenden beiden Möglichkeiten:

- Lassen Sie die Präsentation komplett ausfallen.
- Sie sind so gut vorbereitet, dass Sie dem Kunden innerhalb von zehn Minuten erklären können, weshalb Ihre Lösung die für den Kunden beste ist.

Besser knapp als langweilig

Viele Verkäufer glauben, dass sie den Kunden um so stärker überzeugen, je mehr sie über ein Produkt erzählen können. Häufig werden die Vorträge dann so langatmig und ermüdend ausführlich, dass der Kunde unruhig auf die Uhr schaut und das Interesse letztendlich ganz verliert.

Pokern

Ein guter Kartenspieler lässt sich niemals seine wahren Gefühle anmerken. Durch ständiges Trainieren ist er in der Lage, dem Gegenspieler die Gefühle vorzutäuschen, die seinem Spiel nützen. Dabei ist er ausschließlich am Ergebnis des Spieles interessiert und kalkuliert von vornherein damit, dass er mit seinem Auftreten die gewünschte Reaktion beim Gegenüber erzielt. Gerade im Privatleben ist es unangenehm, mit solchen Leuten öfter zu tun zu haben. Man ist in der Regel nicht in der Lage diese Personen genau einzuschätzen, es sei denn, man kennt sie und ihre Taktik bereits seit sehr langer Zeit.

Kein Pokerface

Dabei darf man das Pokern nicht mit dem ständigen Vortäuschen eines uninteressierten oder gar regungslosen Gesichts vergleichen. Meist ist das Gegenteil der Fall: launisches Verhalten. Das verunsichert den anderen am allermeisten, weil er nie abschätzen kann, mit welcher Laune oder mit welchem Gefühlsausbruch er beim anderen zu rechnen hat.

Es gibt Verhandlungspartner, die sich in Verhandlungen gerne aus dem Gespräch ausklinken und eine Zeit lang eine Beobachterposition einnehmen. Von dort versuchen sie die Reaktionen aller Beteiligten zu studieren, um Schwachpunkte bei einzelnen herauszufinden. Sind sie dann der Meinung, diese entdeckt zu haben, nutzen sie sie zu gegebener Zeit aus.

Emotional reagieren

Wenn Sie feststellen, dass Ihr Verhandlungspartner unbedingt eine Konfrontation vermeiden möchte, dann werden Sie doch im entscheidenden Moment wütend. Werfen Sie dem Gegenüber bestimmte Dinge vor, geben Sie ihm die Schuld für Ihre Verärgerung. Das gewünschte Ziel tritt in der Regel sofort ein. Der Gegenüber wiegelt ab, versucht das gute persönliche Verhältnis aufrechtzuerhalten und – gibt in der Regel nach.

Es ist also Vorsicht geboten, wenn Sie bei Verhandlungen Personen entdecken, die scheinbar am Geschehen uninteressiert sind. Zeigt eine solche Person bei entscheidenden Punkten plötzlich Interesse und ändert sie augenscheinlich ihr Verhalten, handelt es sich vermutlich um einen berechnenden Verhandlungspartner, der soeben Ihre Schwächen unter die Lupe genommen hat.

Besonders gefährlich sind solche Leute, wenn sie sich in den eigenen Reihen befinden. Wir hatten einmal für sehr kurze Zeit einen Angestellten in unserem Unternehmen, der das „Pokern" gegenüber einigen Mitarbeitern anwendete. Seine Taktik bestand darin, Besprechungen zu fordern, die seiner Ansicht nach für die Zusammenarbeit dringend notwendig wären. Während der Besprechungen jedoch zeigte er kaum Interesse an den Themen und beteiligte sich, wenn überhaupt, nur selten. Anschließend ging er zu bestimmten Mitarbeitern und wollte ihr Verhalten diskutieren. Er wollte im Nachhinein versuchen, die in den Besprechungen gefällten Entscheidungen zu seinen Gunsten zu ändern. Durch die Beobachterposition war ihm schon in der Besprechung klar geworden, welchen Standpunkt die Beteiligten hatten und wo sie sich auf Kompromisse geeinigt hatten. Er betitelte diese Kompromisse als Fehlentscheidungen und löste somit Zweifel bei den Beteiligten aus. Interessant waren dabei seine Wutausbrüche, die er immer dann hatte, wenn er einen für ihn wichtigen Punkt unterstrich. Eines Tages sprach ich ihn darauf an, warum er denn so eine extreme Reaktion zeigte. Seine Antwort darauf war, dass er bewusst so verärgert reagiert habe, um Leute in die Enge zu treiben und Entscheidungen zu beeinflussen.

BEISPIEL

Gegentaktiken

Hinter das Pokerface schauen

Um erfolgreich mit Pokerspielern umgehen zu können, sollten Sie lernen den anderen zu ergründen. Versetzen Sie sich in die andere Person und versuchen Sie herauszufinden, was sie denkt und fühlt und welche Ziele sie hat. Wenn Sie dies erkennen, können Sie sich leichter auf den Gegenstand der Verhandlung konzentrieren und lassen sich nicht von Rollenspielen und gestellten Attacken beeindrucken. Lassen Sie sich selbst keine Gefühle anmerken. Machen Sie sich immer bewusst, wie sehr die andere Seite unter Druck steht. Vielleicht benutzt die Gegenseite die gespielte Undurchschaubarkeit aus Unsicherheit heraus und fürchtet, eine echte Regung könnte von Ihnen gezielt ausgenutzt werden. Sie haben nun die Möglichkeit, darauf einzugehen und ebenfalls zu pokern oder aber siegesgewiss Ihre Einstellung zu vertreten und das Spiel zu ignorieren. Sie können auch direkt darauf hinweisen, dass Sie die Taktik erkannt haben. Zwar wird eine direkte Konfrontation in aller Regel dazu führen, dass der Pokerspieler nichts zugeben wird. Sie können aber sicher sein: Der Pokerspieler ist gewarnt und wird in Zukunft vorsichtiger und zurückhaltender sein.

Verhalten zu anderen Menschen beobachten

Eine weitere Methode vorgetäuschte Absichten und Erklärungen zu erkennen ist so einfach, dass sie gerne übersehen wird: Beobachten Sie, wie der Pokerspieler sich gegenüber anderen Menschen verhält. Sie können daraus schließen, dass er Sie genauso wie andere beurteilen und behandeln wird. Menschen, die beispielsweise gerne über andere Leute schimpfen und sich bei Ihnen beschweren, werden bei anderen auch über Sie reden. Haben Sie nun wirklich einmal jemandem einen Grund zur Verärgerung gegeben, werden auch andere davon hören.

Denken Sie daran, wenn Sie Kollegen oder Verhandlungspartner beobachten. Sie lernen durch Beobachtung schnell, mit welcher Strategie Sie sich auseinander setzen müssen, wenn es zur nächsten Verhandlung kommt.

Zugeständnisse bei Preisverhandlungen

Stellen Sie sich vor, Sie müssten eine Preisverhandlung mit einem extrem hartnäckigen Kunden führen. Sie sind in der Lage von Ihrem ursprünglichen Angebot zehn Prozent nachzulassen. Der Kunde fordert von Ihnen eindringlich eine Reduzierung des Ausgangspreises, Sie aber wollen als erstes Ziel Ihren Preis halten. Wie können Sie hier vorgehen, damit Ihr Kunde zufrieden mit der Verhandlung ist und ihm gleichzeitig klar wird, dass Sie nicht mehr weiter mit dem Preis heruntergehen werden?

Zugeständnisse nach und nach

Dies erreichen Sie am besten durch die Anwendung von zwei Taktiken: Machen Sie niemals alle Zugeständnisse auf einmal. Das heißt, Sie nennen auf keinen Fall sofort Ihre zehn Prozent als möglichen Preisnachlass, um sich weitere Chancen offen zu halten. Der Kunde könnte nämlich fragen, warum Sie ihm einen so großen Preisnachlass gewähren und um weitere Prozente bitten. Jetzt ist es für ihn unverständlich, weshalb Sie bei einer so kleinen Forderung nicht mehr zugänglich sind. Er könnte den Kauf nun von diesem Preisnachlass abhängig machen und Sie damit massiv unter Druck setzen. Eine bessere Methode ist hierbei immer etwa 50 Prozent des für Sie maximal Möglichen anzubieten. Bieten Sie zunächst fünf Prozent an. Vielleicht ist der Kunde damit bereits zufrieden. Möchte er jedoch mehr, bieten Sie jetzt vielleicht zwei Prozent und schließlich ein Prozent an. Auf diese Weise zeigen Sie deutlich, dass Ihr Spielraum immer kleiner wird und Sie verlieren eventuell weniger als zehn Prozent. Auf der anderen Seite entkräften Sie die Erwartungshaltung, dass Sie auch in der Lage wären, mehr als zehn Prozent nachzulassen.

Gegenleistung verlangen

Verlangen Sie immer eine Gegenleistung. Werden Sie zu einem Preisnachlass aufgefordert, stellen Sie doch abschließend fest: „Wenn ich Ihnen fünf Prozent Preisnachlass gebe, unterschreiben Sie dann den Kaufvertrag?" Der Kunde kann nicht weiter bohren und macht nun selbst ein Zugeständnis. So ersparen Sie sich weitere fünf Prozent Preisnachlass und haben den Kauf gesichert.

Diese beiden Taktiken ermöglichen Ihnen einen Verkauf, ohne selbst in die Defensive zu geraten.

Machen Sie einen Rückzieher

Falls Sie sich bereits in einer Verhandlung befinden, in der Sie mit dem Preis bereits zu weit gegangen sind, brechen Sie doch die Preisverhandlung einfach ab: Ihr Kunde möchte für ein Produkt 90 € bezahlen, das Sie für 100 € angeboten haben. Sie haben sich bereits auf 95 € herunterhandeln lassen und wollen nicht noch weiter nachgeben. Behaupten Sie doch, dass Sie erst mit einer höheren Autorität sprechen müssen. Sichern Sie ihm aber zu, dass Sie sich für seine Interessen einsetzen werden.

Höhere Autorität einführen

Am nächsten Tag informieren Sie den Kunden und teilen ihm mit, dass Sie nach langer Diskussion mit der Firmenleitung die Preise noch einmal berechnet haben. Leider können Sie selbst das letzte Angebot (die 95 €) nicht halten und müssen das Produkt für 100 € anbieten. Der Kunde wird hierauf wahrscheinlich entsetzt oder sogar wütend reagieren und sich darauf berufen, dass Sie bereits 95 € zugesichert hätten. Nun können Sie sagen: „Na gut, ich habe Ihnen 95 € zugesagt und hierzu stehe ich, wollen wir den Kauf damit abschließen?" Ihr Kunde wird nun in den meisten Fällen sofort zuschlagen, um sich die Konditionen zu sichern, bevor er letztendlich bei 100 € angelangt ist.

Da diese Technik sehr aggressiv ist, sollten Sie sie nur in Ausnahmefällen anwenden. In jedem Fall ersparen Sie sich auf diese Weise ein weiteres Nachbohren ihres Kunden.

Gegentaktik

Geraten Sie selbst einmal in eine solche Situation und ein Verkäufer zieht ein bereits vorgelegtes Angebot zurück, bestehen Sie darauf, dass er das Problem mit seiner Firmenleitung löst. Bestehen Sie in Zukunft darauf, mit jemandem zu sprechen, der in der Lage ist, verbindliche Zusagen zu geben. Nur auf diese Weise verhindern Sie derartige Zwangslagen.

Der Faktor Zeit

Ungeübten Verhandlungspartnern passiert es oft, „gleich mit der Tür ins Haus zu fallen". Sie gehen davon aus, dass es besonders effektiv ist, wenn Verhandlungen zu einem schnellen Ergebnis geführt werden. Vielen Anfängern unterläuft der gleiche Fehler und sie nutzen den Faktor Zeit in Verhandlungen schlecht.

Zeitfluss

Lassen Sie sich in Verhandlungen immer Zeit. Versuchen Sie sich niemals unter Druck setzen zu lassen. Wenn Sie etwas kaufen möchten, bedenken Sie, wie lange Sie bisher ohne das Produkt zurechtgekommen sind. Gewinnt die Gegenseite den Eindruck, dass Sie es eilig haben, kann Sie sie leichter unter Druck setzen. Tragen Sie besser nicht gleich alle Ihre Forderungen vor. Behalten Sie sich immer noch etwas für den Verlauf der Verhandlung zurück. Zum einen können Sie damit Zugeständnisse für die andere Seite mit einer Gegenforderung verknüpfen, zum anderen werden Sie feststellen, wie entgegenkommend die andere Seite werden kann, wenn die Zeit fortschreitet. Sie geben der Gegenseite damit praktisch Gelegenheit, Ihre Forderungen zu verdauen und auf sich wirken zu lassen.

Geduld aufbringen

Lernen Sie eine geduldige Haltung einzunehmen. Im Verlauf der Verhandlung können Sie Ihre Argumente gezielt anbringen und auf diese Weise kontrollierend Einfluss nehmen. Verschießen Sie Ihr Pulver bereits zu Beginn, fehlen Ihnen am Ende wahrscheinlich die wichtigsten Argumente. Das aus der Ökonomie bekannte Pareto-Prinzip trifft auch auf Verhandlungen zu: Vereinbarungen werden zu 80 Prozent in den letzten 20 Prozent der zur Verfügung stehenden Zeit getroffen. Auf diese letzten 20 Prozent der Verhandlungszeit sollten Sie vorbereitet sein. Wie in einem guten Krimi bewirken Sie so einen Überraschungseffekt und können damit an den entscheidenden Stellen gewinnen.

Zeitdruck

Besonders wenn die Gegenseite unter Zeitdruck steht, ist sie zu Zugeständnissen bereit. Wenn ein Verkäufer beispielsweise einen Kunden hat, der eine Lieferung unbedingt zu einem bestimmten Zeitpunkt benötigt, wird er den Kunden sehr leicht dazu überreden können, weitere Bedingungen einzugehen. Ein Autohändler wird vielleicht ein Fahrzeug sofort verkaufen können, das schon seit einiger Zeit im Laden steht. Viele Käufer sind bereit, Zuschläge für Eillieferungen zu zahlen.

Zeitdruck ausnutzen

Wenn die andere Seite angibt, unter Zeitdruck zu stehen und eine Entscheidung bis zu einem bestimmten Termin treffen zu müssen, können Sie das Zeitmoment zu Ihren Gunsten nutzen. Sollen Sie ein Angebot abgeben und der Kunde möchte Änderungen, die Ihnen nicht zusagen, sagen Sie „Das können wir gerne anders anbieten. Aber beachten Sie bitte, dass wir dazu etwas Zeit benötigen, damit wir die notwendigen Informationen einholen können. Wir werden also einige Tage dazu brauchen."

Sie können Ihre Angebote auch selbst mit zeitlichen Vorgaben versehen. Bei Projekten ist es üblich, der Gegenseite immer nur eine begrenzte Zeit bis zum Akzeptieren der Leistungen zuzugestehen. So wird oft auch eine Leistungsabnahme bis zu einem bestimmten Zeitpunkt gefordert. Reagiert die Gegenseite bis zu dem festgelegten Zeitpunkt nicht, gilt die Leistung als erbracht und wird zur Zahlung fällig.

Eine weitere Möglichkeit besteht darin Ihren Gesprächspartner zu Zeiten anzutreffen, wenn er unter Zeitdruck steht. Sie können versuchen Termine auf den Abend zu legen, wenn Ihr Gesprächspartner auf öffentliche Verkehrsmittel angewiesen ist oder seine Frau ihn zu Hause mit dem Essen erwartet.

BEISPIEL

Ein besonders hartnäckiger Verhandlungspartner versuchte die Zeit immer zu seinem Vorteil zu nutzen, indem er mich während meiner Seminartätigkeiten in der Pause anrief. Regelmäßig fand ich in den Pausen eine Meldung vor, dass ich dringend versuchen sollte ihn anzurufen. Wenn er mich am Telefon hatte, fing er an mich mit Details zu Projekten zu konfrontieren. Dabei achtete er immer sorgfältig darauf, Informationen so zu streuen, dass ich diese nicht eindeutig interpretieren konnte und gezwungen war, weitere Informationen einzuholen. Da er wusste, dass ich sehr interessiert an den Gesprächsthemen war, hielt er mich immer länger fest, als die Pause angesetzt war. Auf diese Weise stand ich doppelt unter Druck. Auf der einen Seite sah ich mich plötzlich einem Problem gegenüber, welches ich gerne schnellstmöglich gelöst hätte, auf der anderen Seite war ich gezwungen mein Seminar fortzusetzen. Nachdem ich die beabsichtigte Taktik hinter den Anrufen erkannt hatte, war ich während der Seminartätigkeit für ihn nicht mehr erreichbar.

Stehen Sie selbst unter Zeitdruck, dann lassen Sie es sich keinesfalls anmerken. Sie könnten zwar andeuten, dass Sie einen bestimmten Zeitrahmen einhalten sollten, geben jedoch auch an, dass Sie auch bereit wären, mehr Zeit zu investieren.

Geben Sie der anderen Seite zu verstehen, dass Sie unbedingt bis zu einem bestimmten Zeitpunkt eine Entscheidung benötigen, kann es vorkommen, dass die Gegenseite versucht Sie mit nebensächlichen Argumenten hinzuhalten. Sie wird versuchen mit Ihnen über irrelevante Themen zu verhandeln, bis der Druck Sie flexibel und nachgiebig gemacht hat. Dann werden Sie in kurzer Zeit mit Forderungen konfrontiert, denen Sie aus Zeitmangel nachgeben müssen.

Das magische Dreieck

Im Projektmanagement gibt es eine Regel, die als „magisches Dreieck“ bekannt ist. Demnach ist eine Leistung immer von den drei Faktoren Qualität, Geld und Zeit abhängig. Je nachdem, welcher der drei Faktoren von besonderer Wichtigkeit ist, muss immer mindestens einer der beiden anderen Faktoren angepasst werden. Ist zum Beispiel die Qualität von besonderer Bedeutung, so kann es bis zur Auftragserfüllung entweder länger dauern oder es ist mehr

Geld für Qualitätskontrollen nötig. Ist der Zeitrahmen fixiert und stehen vielleicht nur begrenzte Gelder zur Verfügung, so wird dies letztendlich auf Kosten der Qualität gehen. Diese Regel kann für Verhandlungen ein wenig angepasst werden: Wenn Sie für Verhandlungen nicht genügend Zeit aufbringen können, wird dies zu Lasten der Qualität des Ergebnisses gehen und kann außerdem viel Geld kosten.

Taktiken zur Problemlösung – in fünf Schritten zur Lösung eines Problems

Häufig berichten Teilnehmer in Seminaren von Problemen, die sie mit Kollegen oder Vorgesetzten haben. Das Problem besteht oft darin, dass man selbst etwas von anderen erwartet, diese jedoch die gewünschte Leistung bzw. Verhaltensweise gar nicht erbringen kann. Oft beschreiben die Teilnehmer, wie im Verlauf des Gespräches Probleme auftauchen, deren Lösung sie selbst nicht kennen. Ihr Gesprächspartner vermittelt dann den Eindruck, dass er die gewünschten Ergebnisse bringen könnte, wenn er eine Lösung für die genannten Probleme hätte.

Das Ergebnis solcher Besprechungen ist für beide Seiten meistens unbefriedigend und gibt keine klare Antwort auf die anfänglich gestellten Fragen.

BEISPIEL

Ein Vertriebsleiter berichtete mir, dass er Schwierigkeiten mit seinen Vertretern habe, wenn es um die Besprechung der Umsatzzahlen ginge. Die von ihm erwarteten Zahlen wurden überhaupt nicht erreicht und er hatte es sich zum Ziel gesetzt, die Vertreter dazu zu bewegen, ihre Verkaufszahlen zu steigern. Zudem empfand er die folgenden Probleme als besonders wichtig:

- Er wollte seinen Mitarbeitern auf keinen Fall Vorwürfe machen oder deren Ansichten persönlich angreifen, selbst wenn er das in manchen Fällen gern getan hätte.
- Er wollte tatsächliche Probleme von fadenscheinigen Vorwänden unterscheiden.

- Er wollte keine weiteren Kosten für Mitarbeiter akzeptieren, da ohnehin zu viel Personal beschäftigt war. Ausgaben für Prospekte wollte er auch möglichst gering halten, da sie aus seiner Sicht vollkommen ausreichend waren.

Die Gespräche liefen jedoch oft nach dem folgenden Muster: Vertriebsleiter: „Wie wir wissen, entsprechen unsere Zahlen nicht den gewünschten Vorgaben. Bitte sagen Sie mir, was Sie tun werden, um die Verkaufszahlen zu steigern." – Vertreter: „Mir ist bewusst, dass wir zu wenig verkaufen. Allerdings ist es auch sehr schwer, unsere Kunden zum Kauf zu bewegen. Zudem muss ich mich ständig mit Dingen beschäftigen, die mich vom Verkaufen abhalten." – Vertriebsleiter: „Dieses Thema haben wir doch bereits besprochen. Wenn zusätzliche Aufgaben aus der Administration anfallen, geben Sie diese bitte an die Sekretärinnen ab. Konzentrieren Sie sich auf den Verkauf unserer Produkte." – Vertreter: „Das würde ich gerne tun. Jedoch würde ich mir wünschen, dass jemand telefonisch Prospekte anbietet und bei Interesse Kontakte herstellt; dies könnte den Verkauf verbessern. Ich möchte hierzu einen kleinen Gesprächsleitfaden ausarbeiten, damit diese Arbeit übernommen werden kann." – Vertriebsleiter: „Ich dachte, wir hätten das Thema Personal bereits ausdiskutiert. Außerdem wäre es sicherlich sinnvoller, wenn Sie Ihre Zeit für den Gesprächsleitfaden in direkte Kundenkontakte stecken würden." – Vertreter: „Sie haben Recht. Zuvor werde ich allerdings noch einmal unsere Pressemappe überarbeiten. Einige Details des Designs gefallen mir nicht. Ich halte es für notwendig, dass unser Prospektmaterial zu 100 % einheitlich gestaltet ist."
Das Gespräch konzentrierte sich so immer mehr auf Rahmenbedingungen der Arbeit und der Vertriebsleiter sah sich am Ende des Gesprächs vielen neuen Problemen gegenübergestellt.

Eine Lösung kann zunächst darin bestehen, die Probleme der anderen nicht zu seinen eigenen zu machen. Anschließend wendet man die im Folgenden beschriebene Fünf-Schritte-Strategie an, um das erwünschte Ergebnis zu erhalten.

Erster Schritt: Lassen Sie sich das Problem beschreiben

Wenn Ihr Gesprächspartner damit beginnt, sich über seine Probleme auszulassen, ermutigen Sie ihn dazu, sein Problem einmal deutlich zu artikulieren. Stellen Sie sich hierbei ruhig ein wenig begriffsstutzig und bestehen Sie mehrmals darauf, den eigentlichen Punkt des Problems zu erfassen.

Beschreibung mit Beispielen

Häufig beschreiben Menschen ihre Probleme mit Beispielen. Anstatt deutlich zu sagen, dass ein Kollege unhöflich ist, erklären sie mit Beispielen die Lage. Man hört dann, wie die betreffende Person sich vor einiger Zeit verhalten hat. Hat man es mit zeitlichen Verzögerungen in einer Produktionslinie zu tun, dann wird wahrscheinlich nur ein Beispiel aus der jüngsten Vergangenheit angeführt.

Da diese Beispiele die Betroffenen emotional belasten, führt die Beschreibung dazu, dass sich der Betroffene immer stärker in seine Gefühle hineinsteigert. Dies sollten Sie gar nicht erst zulassen. Stellen Sie besser gezielte Fragen, die das Problem erfassen:

- „Was genau ist das Problem?"
- „Wodurch genau entstehen Ihre Schwierigkeiten?"
- „Womit genau gibt es Schwierigkeiten? Ist Ihr Kollege das Problem oder eher sein Verhalten Ihnen gegenüber?"

Klare Problemformulierung erzielen

Versuchen Sie in jedem Fall eine klare Problemformulierung von Ihrem Gesprächspartner zu erhalten. Geben Sie ihm jede mögliche Hilfe, aber legen Sie ihm die Worte nach Möglichkeit nicht in den Mund. Wenn Ihr Gegenüber das Problem erfasst hat, ist eine konstruktive Lösung schon ganz nahe.

Der erste Schritt sollte beendet werden, wenn das Problem erfasst ist. Wiederholt sich die Beschreibung der Probleme ständig und Ihr Gesprächspartner dreht sich im Kreis, so sollten Sie die Problemergründung besser abbrechen. Gehen Sie dann zum zweiten Schritt.

Zweiter Schritt: Lassen Sie Ihr Gegenüber eine Zielvorstellung entwickeln

In diesem Schritt bringen Sie Ihr Gegenüber dazu, eine konkrete Vorstellung davon zu entwickeln, was erreicht werden soll. Nur wenn man das Ziel kennt, ist es nämlich möglich, eine Strategie zur Lösung eines Problems zu finden.

Fragen Sie Ihr Gegenüber, wie aus seiner Sicht das Ziel aussieht, und fragen Sie nach der idealen Lösung. Auch hier legen Sie ihm keine Formulierungen in den Mund. Benutzen Sie die folgenden Taktiken, um bei der Entwicklung seiner Vorstellung zu helfen.

TAO – Tu als ob

Benutzen Sie die Tu-als-ob-Taktik. Hierbei stellen Sie Fragen wie: „Nehmen wir einmal an, du hättest das Problem schon gelöst. Wie wäre das? Wie sähe das aus?" Auf diese Weise regen Sie die Vorstellung an und veranlassen dazu, sich den Idealzustand vorzustellen.

Komplimente

Viele Menschen reagieren positiv auf Komplimente. Die Formulierung „Sie sind doch ein erfahrener Problemlöser. Was halten Sie für den richtigen Weg? Wie würde das aussehen?" Da der andere sich sehr geschmeichelt fühlt, wird er geradezu herausgefordert Ihnen zu bestätigen, dass er tatsächlich der „alte Hase" ist, für den Sie ihn halten.

Aussitzen

Will Ihrem Gegenüber partout nichts einfallen, so zögern Sie nicht das Gespräch zu unterbrechen. Antworten Sie zum Beispiel „Da bin ich auch ein wenig überfordert. Wenn Sie selbst nicht wissen, wie das Ziel aussieht, wie soll ich Ihnen dann helfen können?" Treffen Sie eine Vereinbarung, in der Sie festlegen, wann Sie sich wieder zu einer Besprechung treffen, und verabreden Sie, dass jeder bis zum neuen Termin eine klare Zieldefinition entwickelt hat und diese vorstellen wird.

Problemkaskaden

Entsteht eine Zielvorstellung, die offensichtlich dem anzustrebenden Ergebnis widerspricht, gehen Sie noch einmal zum ersten Schritt zurück. Dies geschieht häufig, wenn sich Ziele widersprechen. Sieht die Vorstellung eines Verkäufers beispielsweise so aus, dass ein Produkt nur dann verkauft werden kann, wenn man es aggressiv und aufwendig vermarktet, man jedoch kein Budget für die Vermarktung bereitstellen mag, dann sollte geklärt sein, ob der Verkauf des Produktes überhaupt das gewünschte Ziel ist. Möglicherweise ist Kosteneinsparung das wirkliche Problem. Finden Sie heraus, was wichtiger ist und konzentrieren Sie sich auf die Lösung des wichtigsten Problems.

Hat Ihr Gegenüber ein klare Zielvorstellung entwickelt, liegt die Lösung oft schon direkt vor Ihnen. Gehen Sie deshalb direkt zum nächsten Schritt über.

Dritter Schritt: Einen Lösungsweg entwickeln

Häufig fällt die Entwicklung eines Lösungswegs bei klarem Ziel nicht besonders schwer. Entwickeln Sie in diesem Schritt Strategien und Abläufe. Stellen Sie zielgerichtete Fragen wie: „Wie sieht deine beste Idee aus?“ Solche Fragen suggerieren, dass Sie mehr als eine Idee erwarten.

Haben Sie es trotz aller bisherigen Erfolge noch immer mit offensichtlichen Hemmungen beim Gegenüber zu tun, dann gehen Sie wie beim zweiten Schritt vor.

Vierter Schritt: Notwendige Voraussetzungen klären

Nachdem auch der Lösungsweg bekannt ist, sollten Sie die notwendigen Mittel zur Umsetzung finden. Fragen Sie zum Beispiel „Was brauchst du noch, um die Lösung herbeizuführen?“ Notieren Sie die Antworten und werten Sie dabei gleich aus, ob diese wirklich bei der Lösung helfen. Wenn alle notwendigen Ressourcen bekannt sind, bleibt nur noch eine letzte Frage.

Fünfter Schritt: Die Frage nach dem Wann stellen

Stellen Sie Ihrem Gesprächspartner die wichtige Frage „Wann fängst du an?“ Als Antwort kommt häufig „Gleich heute!“ oder „Am Montag um 15:00 Uhr!“ Ganz gleich, was Ihr Gegenüber antwortet, vereinbaren Sie einen weiteren Besprechungstermin, um das Ergebnis zu feiern oder aufgetretene Probleme nach dem bekannten Schema zu erörtern.

Mit der Fünf-Schritte-Strategie motivieren Sie Ihren Gesprächspartner dazu, für seine Probleme effektive Lösungen zu finden und sie umzusetzen. Dabei vermeiden Sie es, die Probleme anderer zu Ihren eigenen Problemen zu machen.

BEISPIEL

Das im Beispiel geschilderte Vertriebsgespräch nahm nach Anwendung dieser Strategie plötzlich einen ganz anderen Verlauf. Der Vertreter erkannte, dass die Verkaufszahlen nur zur erreichen waren, wenn er sich auf die Akquise von zwei bis drei strategischen Großkunden konzentrierte. Telefonverkauf konnte höchstens fünf Prozent des gewünschten Ergebnisses bringen, sodass die Konzentration darauf in jedem Fall das Ziel verfehlt hätte. In diesem Zusammenhang war auch nicht die Gestaltung der Unterlagen für Erfolge entscheidend, sondern allein der persönliche Kontakt und die gute Betreuung der Gesprächspartner.

Das Ergebnis zählt

Bei Verhandlungen sind letztendlich die Resultate am wichtigsten. Hier zeigt sich der Unterschied zwischen guten und weniger guten Verhandlungsstrategen. Bei guten Verhandlungsstrategen ist Denken und Handeln vorwiegend an den Resultaten orientiert. Der weniger gute Stratege lässt sich dagegen durch die Taktiken der Gegenseite vom eigentlichen Verhandlungsgegenstand abbringen und zu anderen Resultaten ablenken.

Ergebnisorientiert und stringent verhandeln

So verhalten sich auch gute Manager. Ein guter Manager muss zwangsläufig ein starkes Interesse an den Ergebnissen haben, denn seine Leistung wird in erster Linie am Erfolg seines Unternehmens oder Aufgabenbereichs gemessen. Die Konzentration auf Ergebnisse ist grundsätzlich nichts Negatives. Sie ist ein wichtiges Kennzeichen jeder gut geführten Organisation. Auch gute Projektmanager oder gute Lehrer achten darauf, dass ihre Mitarbeiter oder Schüler gute Leistungen erzielen und dadurch persönlichen Gewinn und Freude erfahren.

Andere Ziele

Es gibt jedoch auch die berechtigte Auffassung, dass Ergebnisse schließlich nicht alles sind und es auch noch andere wichtige Komponenten gibt. Dies ist sicherlich richtig, man sollte jedoch bedenken, dass es bei Verhandlungen in der Regel um Ergebnisse geht. Meist werden Profis zu Verhandlungen geschickt, die dafür speziell ausgebildet wurden.

Da eine unternehmerische Denkweise, alles ließe sich an Ergebnissen festmachen, nicht allgemein gültig ist, kann dieser Grundsatz nicht auf die gesamte Lebensplanung angewandt werden. Im Privatleben hätte dies wahrscheinlich eher negative Folgen.

Betrachten wir einmal, welche Ziele Sie oder die Gegenseite häufig noch erreichen möchten. Diese Interessen zu kennen kann nützlich sein, wenn Sie das nächste Mal herausfinden möchten, warum Sie gegen bestimmte Entscheidungen sind.

Das Ziel Recht zu behalten

Eine nicht ganz so ernst gemeinte Grabsteininschrift lautet: „Gestorben bei einem tragischen Verkehrsunfall. Aber er hatte Vorfahrt." Dies zeigt deutlich, dass es manchen Personen wichtiger ist, Recht zu behalten als ein positives Ergebnis zu erzielen.

Festhalten an eigenen Überzeugungen

Psychologisch begründbar ist dieses Verhalten damit, dass der Mensch im Laufe der Zeit Überzeugungen und Glaubenssätze bildet, die er immer wieder zu bestätigen versucht. Ist eine Person absolut von etwas überzeugt, so ist sie in der Regel nicht im Geringsten am Gegenteil interessiert. Sie wird versuchen jede mögliche Bestätigung für ihr Verhalten zu bekommen.

Dies bringt Menschen dazu, beispielsweise an Aktien festzuhalten, deren Kurse sich „im freien Fall" befinden. Anstatt den Irrtum zuzugeben, werden Aktien hinzugekauft, um so den Einkaufspreis zu drücken. So wird die Einschätzung bestätigt, auf einen Gewinner gesetzt zu haben. Die Einsicht, auf das „falsche Pferd" gesetzt zu haben, lässt mitunter Jahre – selbst bei hohen finanziellen Verlusten – auf sich warten.

Beharren auf eigenen Meinungen

Andere wiederum versuchen in Verhandlungen auf einer Meinung zu beharren, obwohl dies offensichtlich von Nachteil ist. Es kann passieren, dass Sie einem Kunden, der eine vorgefasste Meinung zu Ihren Produkten hat, ausführlich die Vorteile dargestellt haben. Er kauft aber trotzdem nicht bei Ihnen. Würde er nämlich Ihr Produkt kaufen, so müsste er unter Umständen zugeben, dass seine ursprüngliche Meinung ganz falsch war. Sollten Sie solch starke Überzeugungen bei Ihrem Gegenüber antreffen, versuchen Sie nicht diese zu ändern. Vielleicht lassen sie sich ja zu Ihrem Vorteil nutzen.

Das Ziel, dass alle glücklich sein müssen

Manche Leute sind der Ansicht, dass es in einer Verhandlung keinen Verlierer geben dürfe. Eine Verhandlung könne erst dann beendet werden, wenn sich alle Beteiligten glücklich die Hände schütteln und jeder mit dem Ergebnis hundertprozentig zufrieden sei. Diese Einstellung führt oft dazu, dass solche Personen der Gegenseite plötzlich Hilfen anbieten oder ohne erkennbaren Grund Zugeständnisse machen. Sind Sie die Person, der diese Hilfen zuteil kommen, haben Sie natürlich leichtes Spiel.

Starkes Harmoniebedürfnis schadet

Zeigen Sie also nie, dass Sie zufrieden sind. Dann besteht die Chance, etwas mehr von Ihrem Gegenüber zu erhalten. Eine Verhandlung soll gar nicht alle Beteiligten glücklich machen. Als Verhandlungspartner können Sie nicht einmal die Verantwortung dafür übernehmen, dass die Gegenseite zufrieden ist. Dafür ist jeder allein verantwortlich. Das Einzige, was Sie glücklich machen sollte, ist das Ergebnis der Verhandlung und nicht das Gefühl, die Gegenseite zufrieden gestellt zu haben.

Das Ziel, Handlungen zu verstehen

Menschen neigen dazu, immer die Gründe einer Entscheidung verstehen zu wollen. Dies ist für manche wichtiger als die eigentliche Auswirkung der Entscheidung.

BEISPIEL

> Ein bekannter Unternehmer wurde einmal von seinem Geschäftspartner in einer Verhandlung ausgetrickst. Anstatt sich darauf zu konzentrieren, wie er die für ihn entstandenen Nachteile ausgleichen könnte, zog sich der Unternehmer tagelang zurück. Er dachte darüber nach, wie ihm sein Partner so etwas hatte antun können, fand aber keine Erklärung für seine Niederlage. Sie zu finden war ihm wichtiger als aufzustehen und zu kämpfen.

Wenn Sie von einem Partner – wie im Beispiel oben – hintergangen werden, zeigen Sie lieber keine „menschlichen“ Gefühle, sondern konzentrieren Sie sich auf das Ergebnis. Das wirkt auf jeden Fall professioneller. Ihre Enttäuschung zu artikulieren, gehört nicht hierher.

Auch bei einer Person, die ein unangemessenes Verhalten an den Tag legt, verliert man schnell seine Perspektive. Wird Ihr Gegenüber plötzlich unhöflich, ausfallend oder laut, werden sich Ihr Verhalten und Ihre Interessen wohl ebenso schlagartig ändern.

Vielleicht fragen Sie sich durch das Verhalten beunruhigt „Wie kann ich diese Person dazu bewegen sich wieder abzuregen? Ich halte das nicht lange aus. Hoffentlich hört er bald mit diesem Geschrei auf." Denken Sie daran, dass es durchaus Verhandlungspartner gibt, die durch solche Temperamentsausbrüche gerade diese Gedanken und Gefühle bei Ihnen auslösen wollen.

BEISPIEL

Nicht nur Männer haben Taktiken, um von dem Verhandlungsthema abzulenken und ihre Interessen auf den Gegenüber zu lenken. Was ein Mann durch aggressives Verhalten oder Angsteinflößen bezweckt, kann eine Frau beispielsweise durch Tränen erreichen. Es gibt Frauen, die auf Kommando weinen können. Wenn diesen Frauen kein Argument mehr einfällt, kann es passieren, dass sie plötzlich in Tränen ausbrechen. Die Männer reagieren hierauf meist mit Zuneigung. Sie denken „Oh je, die Arme. Ich habe Sie wohl etwas grob angefasst. Dann gebe ich halt nach, Hauptsache, das Weinen hört auf."

Man sollte sich vor solchen Menschen in Acht nehmen. Wer seine Gefühle derart kontrollieren kann, setzt sie auch gezielt ein und ist ganz bei der Sache. Es geht diesen Menschen ausschließlich darum, ihre persönlichen Interessen durchzusetzen.

Keine Reaktion auf Emotionen anderer

Konzentrieren Sie sich also in einer Verhandlung immer nur auf das Ergebnis und reagieren Sie nicht auf die Gefühlsäußerungen anderer. Das heißt, dass Sie die Reaktionen der Gegenseite zwar aufmerksam beobachten, jedoch keine Anteilnahme nehmen sollten. Durch ein entsprechendes Verhalten versuchen viele den Ausgang einer Verhandlung zu manipulieren. Insbesondere bei intensiven Gefühlsreaktionen wie Wutausbrüchen, Beleidigungen oder Tränen ist Vorsicht geboten.

Setzen Sie selbst gerne Gefühlsausbrüche für Ihre Zwecke ein, dann verlieren Sie dabei bitte nicht den Verhandlungsgegenstand aus den Augen.

Stellen Sie die richtigen Fragen

Herausfinden, was der andere wirklich möchte

Manchmal besteht zwischen den Parteien einer Verhandlung Uneinigkeit über das Verhandlungsgebiet. Die eine Seite glaubt zu wissen, was die andere will. Diese beteuert jedoch ständig, dass sie eigentlich etwas ganz anderes möchte und meint, sich unmissverständlich ausgedrückt zu haben. Besteht zwischen den Parteien kein tiefes Vertrauensverhältnis, kann es zu unbeabsichtigten Missverständnissen kommen.

BEISPIEL

Ungeschulte Verkäufer meinen oft sehr genau zu wissen, was der Kunde möchte, ohne ihn überhaupt dazu befragt zu haben. So kommt es häufig vor, dass der Verkäufer dem Kunden Produkte zum Kauf vorschlägt, die diesen weder interessieren noch dessen Bedürfnissen entsprechen. Die Ursache liegt nicht selten darin, dass der Verkäufer zu sehr von seinen Produkten überzeugt ist. Diese Begeisterung versucht er auf den Kunden zu übertragen. Wenn der jedoch nicht „anspringt", versteht der Verkäufer nicht, warum der Käufer kein Interesse zeigt.

Durch gezielte Fragen findet man die echten Interessen am ehesten heraus. „Was wollen Sie?" wäre allerdings zu ungenau gefragt. Auf diese Frage bekommt man eine unklare Antwort. Damit können Sie wenig anfangen, denn Sie wissen nichts über die wahren Interessen des anderen.

Was ist Ihnen das Wichtigste an ... ?

Bringen Sie Ihren Gesprächspartner dazu, genau zu überlegen, was für ihn das entscheidende Kriterium an einem Verhandlungsgegenstand ist. Die Antwort, die er darauf geben kann, gibt Ihnen dann die Möglichkeit, auf die Interessen des Gesprächspartners einzugehen.

BEISPIEL

Nehmen wir an, Sie sind mit Ihrem zukünftigen Chef mitten im Bewerbungsgespräch. Sicherlich sind Sie gut vorbereitet und von Ihren Stärken und Kenntnissen überzeugt. Wenn Sie jetzt das Gespräch weiterführen und auf Ihre Stärken hinweisen, kann es geschehen, dass man Ihnen gar nicht richtig zuhört. Vielleicht erzählen Sie gerade, wie sehr Sie auf Details achten

und wie wichtig Ihnen Zuverlässigkeit ist. Ihr neuer Vorgesetzter denkt dagegen, dass für ihn nur Freundlichkeit und gute Laune zählen.
Ein solches Gespräch wird immer dazu führen, dass Sie und Ihr Gesprächspartner nicht mit einem positiven Gefühl aus dem Gespräch hinausgehen. Sie werden sich fragen, ob man Sie überhaupt richtig verstanden hat, denn augenscheinlich hat man Ihnen nicht das gewünschte Interesse entgegengebracht. Der Vorgesetzte wird denken „Ich bin mir nicht sicher, ob meine Vorstellungen erfüllt werden. Es mag ja sein, dass diese Person zuverlässig ist. Ich bin mir aber nicht sicher, ob meine Erwartungen auch in den wesentlichen Punkten erfüllt sind."

Wenn Sie es also nicht darauf ankommen lassen wollen, dass Sie zufällig das Richtige ansprechen, dann fragen Sie danach, was für Ihr Gegenüber das Wichtigste ist.

TAO – Tu als ob

Nicht selten kommt es vor, dass jemand seine Wünsche nicht deutlich ausdrücken kann. Auf die Frage „Was ist Ihnen das Wichtigste an … ?" erhält man nicht die gewünschte Antwort. Stattdessen hört man häufig folgende Antworten: „Da bin ich mir nicht sicher." – „Das kommt darauf an." Nachhaken hilft dann nicht weiter und die Antworten werden sogar noch undeutlicher.

Versuchen Sie es mit der Frage „Nehmen wir einmal an, es wäre alles so, wie Sie es sich wünschen! Wie wäre das dann?" Diese Frage regt dazu an, sich einmal das Ergebnis vorzustellen. Ihr Verhandlungspartner wird sich die positive Situation ausmalen und dabei wird Kreativität frei gesetzt. Überraschenderweise fällt die Reaktion auf diese Frage in der Regel fast immer sehr positiv aus. Sofort erhält man eine Antwort und oft kommen selbst zurückhaltende Menschen sogar ins Schwärmen: „Ja wenn alles so wäre wie ich es wünsche, dann müsste natürlich unbedingt das Folgende erfüllt sein …"

Versuchen Sie das einmal und Sie werden feststellen, dass der andere immer ein Bild von dem gewünschten Zustand in sich trägt. Wenn Sie diese Vorstellung anregen, kann er Ihnen auch beschreiben, was er denkt. Fragen Sie hingegen direkt nach dem Ergebnis, fühlt er sich oft überfordert und weicht aus.

„Was muss passieren, damit Ihr Wunsch erfüllt ist?"

Wenn Sie die Wünsche Ihres Gegenüber kennen, wissen Sie bereits, wie seine Zielvorstellung aussieht. Gehen Sie jetzt aber noch nicht davon aus, dass Sie schon so viel wissen, um die Verhandlung fortführen zu können. Häufig interpretiert man nämlich in den Wunsch anderer seine eigene Vorstellung.

BEISPIEL

Stellen Sie sich einmal vor, Ihr Lebenspartner erwartet von Ihnen, dass Sie sich häufiger mit ihm beschäftigen. Die folgende Situation könnte entstehen: Sie haben gerade herausgefunden, dass es für Ihren Partner am wichtigsten ist, dass Sie sich für ihn Zeit nehmen. Sie hören also: „Ich möchte gerne, dass du dich häufiger um mich kümmerst." Wenn Sie jetzt einfach aufhören und sich Gedanken machen, kann es passieren, dass Sie von nun an ständig ein schlechtes Gewissen bekommen, wenn Sie einmal keine Zeit für Ihren Partner aufwenden können. Das kann für Sie so unangenehm werden, dass Sie sogar anfangen an Ihrer Sympathie zu zweifeln, weil die Einschränkung in Ihren Augen zu groß ist und Sie sich der Forderung nicht gewachsen fühlen.
Stellen Sie sich dagegen vor, das Gespräch wäre so verlaufen. Sie: „Unsere Beziehung ist langweilig, ich fühle mich nicht mehr wohl." – Er: „Was ist denn für dich das Wichtigste an einer Beziehung?" – Sie: „Das Wichtigste ist, dass wir zusammen mehr gemeinsame Zeit verbringen." (Er weiß nun, dass er mehr Zeit für sie aufwenden sollte.) – Er: „Was muss denn passieren, damit wir mehr Zeit miteinander verbringen und du mit der Beziehung zufrieden bist?" – Sie: „Wir müssten zum Beispiel samstags regelmäßig zusammen ausgehen." – Jetzt weiß er, dass ihre Vorstellung von „mehr Zeit" und die zunächst unbestimmte Forderung wenig mit der tatsächlichen Absicht des Partners zu tun haben. Es könnte also tatsächlich schon ausreichen, wenn er sich in Zukunft den Samstagabend reserviert, um das Gefühl für gemeinsam verbrachte Zeit zu befriedigen.

Die geschickte Kombination verschiedener Fragen erlaubt es Ihnen, die Wünsche Ihres Verhandlungspartners richtig einzuschätzen. Sie vermeiden auf diese Weise, Ihre eigenen Vorstellungen mit denen des Verhandlungspartners zu vermischen und ihm Angebote zu unterbreiten, mit denen er nichts anfangen kann. Wir geben andernfalls vielleicht mehr als notwendig, um das gewünschte Resultat für beide Seiten zu erzielen oder zu vermeiden, dass eine Einigung überhaupt zustande kommen kann.

Wunschsituation vorstellen

Fällt es Ihrem Gegenüber jedoch schwer, überhaupt zu einer Vorstellung von seinen Wünschen zu kommen, dann leiten Sie dazu an, sich die Wunschsituation vorzustellen. Diese Vorstellung führt zur Beschreibung der Wunschsituation und letztlich zur Antwort auf Ihre Frage.

Varianten des Beiseitelegens

In Verhandlungen kann es dazu kommen, dass man sich über eine wichtige Entscheidung nicht einig werden kann. An dieser Stelle besteht oft die Gefahr, dass die Verhandlungen ergebnislos abgebrochen werden müssen. Die Taktik des Beiseitelegens kann hier helfen. Man schlägt der Gegenseite einfach vor, den kritischen Aspekt zurückzustellen und weniger wichtige Aspekte zu besprechen. Dies ist effektiv, weil man auf diese Weise mehrere kleine Einigungen herbeiführen kann und eine gute Stimmung fördert. Beide Seiten merken, dass man in der Lage ist, mit der anderen Seite zu vernünftigen Einigungen zu kommen. Kommt man später wieder zum Anfangsaspekt zurück, fällt eine Einigung oft leichter. Beide Seiten denken, man sei jetzt bereits so weit gekommen, dass man sich in diesem Punkt auch einigen sollte. In der Regel werden die Positionen dann etwas nachgiebiger, sodass ein Ergebnis leichter erzielt werden kann.

Ablenken

Als Variante dieser Taktik lenkt man bei unangenehmen Fragen einfach ab. Stellt Ihr Gegenüber zum Beispiel eine unangenehme Frage, dann geben Sie eine Antwort, die von der Frage ablenkt. Sie stellen eine Gegenfrage oder gehen auf eine Frage ein, die vielleicht einige Minuten vorher gestellt wurde. In den meisten Fällen verhindern Sie so eine unangenehme Antwort. Fragt Ihr Gesprächspartner wiederholt nach, können Sie auf die Dauer kaum ausweichen.

Einfühlungsvermögen

Viele Verhandlungspartner kennen sich schon eine ganze Weile und wissen daher in der Regel sehr gut übereinander Bescheid. Dadurch verläuft ihre Kommunikation nach gewissen Regeln oder Mustern, die sich in bestimmten Reaktionen zeigen.

Oft werde ich bei Verhandlungsschwierigkeiten um Rat gefragt. Mein Gesprächspartner schildert das Problem und beschreibt, wie sich die Gegenseite verhält. Dabei wird deutlich, dass sich bestimmte Gesprächsmuster wiederholen und mein Gesprächspartner die Antworten und Gefühle der Gegenseite genau zu kennen scheint. Trotzdem ist es für ihn oft nicht möglich, einen Ausweg aus der Situation zu finden.

Mit einer einfachen Technik kann man diesen Ausweg finden. Dabei wird die menschliche Fähigkeit genutzt, sich in andere einfühlen zu können und eine Situation als neutraler Beobachter sogar distanziert zu betrachten.

Meta-Mirror

Die Technik stammt aus dem Neurolinguistischen Programmieren und heißt Meta-Mirror. Sie wird normalerweise mit zwei Personen durchgeführt, ist aber auch allein möglich. Dabei geht man der Reihe nach die unten beschriebenen Positionen durch und versucht jeweils einen anderen Standpunkt einzunehmen. Nach mehreren Durchläufen hat man das Problem von unterschiedlichen Seiten beleuchtet und seinen Blickwinkel geändert. Durch neu gewonnene Einsichten kann man nun das bestehende Problem analysieren und lösen.

Ich selbst

In der ersten Position beschreiben Sie Ihre eigenen Wahrnehmungen, Gedanken, Vorstellungen, Wünsche und Einstellungen. Beschreiben Sie genau, was Sie denken und wie Sie auf die Aussagen der Gegenseite reagieren.

Der andere

In der nächsten Position versuchen Sie sich in Ihren Verhandlungspartner hineinzuversetzen. Sie betrachten nun die Dinge aus seiner Sicht. Finden Sie die Gründe für seine Reaktionen: Was ist seine Absicht? Was denkt er über Sie? Welche Probleme hat er mit anderen Personen und wo liegen die Probleme Ihren Ansichten gegenüber? Wie geht es dem anderen, wie fühlt er sich in seiner Situation?

Betrachten Sie konsequent und ernsthaft die Dinge aus seiner Sicht und erkennen Sie seine wahren Motive und Ansichten. Das erleichtert es Ihnen, Ihren Verhandlungspartner wirklich zu verstehen. Sie werden sehen: So kommen Sie zu einem vernünftigen Ergebnis.

Der Außenstehende

Nun beschreiben Sie, was ein Außenstehender denkt. Man bezeichnet die Sichtweise einer neutralen Person als „dissoziiert", weil sie keine direkten Gefühle mit der Situation verbinden sollte. Aus dieser Distanz heraus versuchen Sie eine Lösung für die beiden ersten Personen zu finden.

Beschreiben Sie, wie sich die beiden verhalten sollten und welchen Rat Sie als Außenstehender der ersten Person geben könnten.

Der Berater

Diese „Metaposition" kann nur von einer zweiten Person eingenommen werden. Dieser Außenstehende wird Hinweise zur Problemlösung geben und darauf achten, dass Sie beim Einnehmen der ersten drei Positionen nicht in Ihre eigene Sichtweise zurückfallen. Es ist nämlich manchmal gar nicht so leicht, seine eigenen Gedanken oder Interessen für einen Moment auszuschalten und in die Position des anderen zu wechseln. Damit dies gelingt, steht Ihnen der Berater zur Seite und erleichtert Ihnen, die Gedanken des Verhandlungspartners nachzuvollziehen.

Fazit

Mit der beschriebenen Methode des Meta-Mirrors ist es möglich, sich professionell auf eine Verhandlung zwischen Beteiligten vorzubereiten, die sich bereits so gut kennen, dass sie sich in die Position des anderen versetzen können. Die Methode ermöglicht eine Lösung für bestehende Kommunikationsprobleme zu finden. Dieser Lösungsweg berücksichtigt die Interessen der Gegenseite und führt gleichzeitig zum gewünschten Erfolg.

Die Kunstpause

In fast allen Büchern über Erfolgstechniken findet man ein Kapitel über die „Macht des Wortes". Wer gut reden kann, dem gelingt scheinbar alles, denn wer spricht führt. Dass es mindestens ebenso wichtig ist, den anderen reden zu lassen und im richtigen Moment schweigen zu können, wird oft verschwiegen. Dabei geschehen in Diskussionen nicht selten die aufschlussreichsten Dinge während der Gesprächspausen. Dieses Schweigen entwickelt Eigendynamik und ist von keinem noch so guten Argument zu übertreffen. Schweigt man auf eine Frage statt zu antworten, beweist das eine gewisse Unberechenbarkeit. Eine Frage gibt die Antwort häufig schon vor und verrät einiges über die Person, die sie stellt. Durch die Pause weiß der andere nicht, was von ihm erwartet wird. Und je länger die Pause dann dauert, desto unangenehmer kann die Stille für alle werden.

Schweigen erzeugt Unsicherheit

Versetzen Sie sich einmal in die Lage der Gegenseite. Sie haben eine Frage gestellt und erwarten eine Reaktion. Es passiert aber gar nichts. Sie sind massiv verunsichert und denken: „Was hat er denn plötzlich? Warum bekomme ich keine Antwort? Vielleicht hat er meine Absicht erkannt und weiß mehr, als ich dachte? Was denkt der andere nur? Was wird er tun? Länger halte ich das nicht aus!" Der Wartende bekommt also sehr bald das Gefühl, dass etwas nicht stimmt. Neben der Verunsicherung stellt sich auch Angst ein und der Wartende fühlt sich nun enorm unter Druck gesetzt, selbst aktiv zu werden. Die Zeit vergeht plötzlich unendlich langsam.

Was wird in dieser Situation geschehen? Ist die Pause absolut unerträglich lang, wird derjenige, der die Frage gestellt hat, sicherlich nachhaken oder seine Frage relativieren. Sie erreichen damit häufig Zugeständnisse, die nach einer Antwort eventuell gar nicht möglich gewesen wären.

BEISPIEL

Wenn ein Kunde eine Rechnung nicht bezahlt, rufe ich ihn in der Regel lieber selbst an als eine Mahnung zu schicken. Ich sage dann nur „Ich rufe Sie wegen der Rechnung XY an!". Dem Kunden ist dies meist unangenehm, sodass er sehr schnell erklärt, warum er noch nicht gezahlt hat. Die Antwort quittiere ich dann mit Schweigen und gebe höchstens ein wissendes „Mhmm!" von mir. Dann erhalte ich fast immer die Zusicherung, dass die Rechnung noch am selben Tag beglichen wird.

Die Technik des Schweigens ist viel wirksamer, als den Kunden in eine Argumentation zu verwickeln. Sein schlechtes Gewissen ist dabei viel wirksamer als jedes Argument, das man selbst vorzubringen hätte. Diese Methode führt häufig sogar zu weiteren Aufträgen – wohl, um die gute Stimmung aufrechtzuerhalten.

Belastungsprobe

Wenn Sie die diese Technik anwenden, entsteht eine enorme Belastung für beide Seiten. Der Schweigende wartet höchstwahrscheinlich darauf, wer zuerst spricht. Dabei sitzen sich beide Seiten gegenüber, beobachten sich gegenseitig und jeder wartet darauf, dass der andere aufgibt. Der Druck ist also auch für Ihre Seite hoch. Er wird noch steigen, wenn Sie auf Ihrer Seite einen Assistenten haben, der diesem Druck nicht gewachsen ist und das Gespräch selbst in die Hand nimmt. In diesem Fall ist diese Taktik nicht zu empfehlen, weil der Assistent offensichtlich innerlich nicht so stark ist, Schweigen ertragen zu können.

Sollte der Fall eintreten, dass die andere Seite verstummt, gibt es nur eine Möglichkeit: Sie müssen standhalten. Fallen Sie nämlich um, riskieren Sie damit, dass die Gegenseite jeglichen Respekt vor Ihnen verliert.

Probleme auf andere abwälzen

Man trifft im Arbeitsleben immer wieder auf Mitmenschen, die unablässig damit beschäftigt sind, eigene Probleme auf andere zu übertragen. Jede Aufgabe wird schnellstmöglich an andere delegiert. Dies scheint offensichtlich leichter zu sein, als selbst nach einer Lösung zu suchen.

Erfolg haben die Menschen, die ihre eigenen Probleme auf andere übertragen, natürlich nur dann, wenn sie auf offene Ohren stoßen. Das heißt, es gibt auch Menschen, die stets gerne dazu bereit sind, sich jedes Problems anzunehmen und es zu ihrem eigenen zu machen.

BEISPIEL

Ich zählte lange Zeit auch zu diesen „Problemlösern". Immer wenn ein Mitarbeiter meines Unternehmens eine schwierige Aufgabe nicht zu Ende führen wollte, kam dieser zu mir und behauptete, das Problem sei absolut nicht lösbar. Da ich ein starkes Interesse an der Problemlösung hatte, neigte ich dazu, die Probleme selbst anzugehen. Dem Mitarbeiter war auf diese Weise sofort geholfen; ich jedoch hatte eine weitere Aufgabe angenommen. Meistens stellte sich heraus, dass nur ein kleines Detail zur Lösung gefehlt hatte. Es blieb dem Mitarbeiter aber erspart, selbst intensiv über eine Lösung nachzudenken.

Als ich feststellte, dass ich durch meine Hilfe keinen wirklichen Nutzen erzielen konnte, antwortete ich dem Mitarbeiter: „Sie haben Recht! Sie haben ein Problem. Ich bin sicher, dass Sie selbst eine Lösung finden werden." Auf diese Weise konnte der Mitarbeiter seine Probleme nicht mehr abwälzen, sondern musste selbst aktiv werden.

Auch in Verhandlungen lässt sich dieses Verhalten beobachten. Folgende Antworten und Erklärungen hört man immer wieder: „Wir können den Vertrag nur abschließen, wenn Sie es schaffen, innerhalb von zehn Tagen zu liefern." – „Wir würden ja gerne bei Ihnen etwas kaufen, aber wir können maximal 10 000 € bezahlen." – „Bitte beachten Sie, dass wir Ihr Produkt nur dann einsetzen können, wenn Sie es in der von uns gewünschten Farbe produzieren werden."

An allen Formulierungen wird ersichtlich, dass Sie zunächst etwas tun müssen, bevor Ihr Gegenüber zu einer Entscheidung bereit ist. Somit liegt es an Ihnen, ein Problem zu lösen, das ursprünglich nicht Ihres war. Es liegt in Ihrer Hand, ob eine Einigung zustande kommen kann.

Sich nicht die Probleme anderer aufladen

Stellen Sie fest, dass ein Verhandlungspartner versucht, eines seiner eigenen Probleme auf Sie zu übertragen, thematisieren Sie dies. Nur so gelingt es Ihnen zu vermeiden, dass man Ihnen Probleme überträgt, für die neben Ihren eigenen Aufgaben ohnehin nicht genügend Raum bleibt. Sie bringen sich höchstens um Ihren Schlaf, kommen mit der Arbeit nicht nach und geben zudem Ihrem Verhandlungspartner einen größeren Spielraum als nötig.

Psychologische Waffen der Beeinflussung

Während Verhandlungen kommt es manchmal zu Reaktionen auf der eigenen Seite, die man sich vom logischen Standpunkt aus nicht erklären kann. Das sind Situationen, in denen man offensichtlich nach einem bestimmten Schema oder aus einem inneren Zwang heraus handelt, ohne sich dessen wirklich bewusst zu sein. Häufig ist man in einer solchen Situation das Opfer psychologischer Beeinflussung geworden. Um sich gegen solche oft unbewusst ablaufende Beeinflussungen schützen zu können, ist es notwendig, die eingesetzten Methoden zu erkennen und sich dann auf die ursprünglich beabsichtigten Handlungen zu konzentrieren.

Schutz durch Wissen

Im Folgenden erhalten Sie eine kurze Übersicht über einige der möglichen Beeinflussungsmethoden und deren Wirkung. Diese Methoden haben viele Variationen, sodass es häufig schwer fällt, die grundlegende Strategie zu erkennen.

Geschenke als Mittel zur erzwungenen Gegenleistung

Sie lesen richtig! Geschenke sind Mittel, sein Gegenüber zu Zugeständnissen zu bewegen. In den vorangegangenen Kapiteln haben Sie bereits erfahren, dass ein erfolgreicher Verhandlungsführer keine Zugeständnisse macht, ohne von der Gegenseite ebenfalls eines zu fordern.

Zuneigung erzeugt Gegenleistung

Es ist für viele Menschen ein Grundbedürfnis, sich für ungewollte Zuneigung mit einer Gegenleistung zu revanchieren. Das wirkt besonders gut, wenn man sich noch gar nicht in der Verhandlung befindet. Seien Sie also auf der Hut, wenn Ihnen die Gegenseite noch vor der eigentlichen Verhandlung ein Geschenk oder eine kostenfreie Leistung anbietet. Einerseits kann dadurch bei Ihnen der Wunsch entstehen, sich auf irgendeine Weise erkenntlich zu zeigen. Andererseits kann sich die zunächst kostenfreie Leistung oder das Geschenk später als Bumerang erweisen: Die Gegenseite könnte Ihnen versichern, sie habe nur das Beste im Sinn (wie das Geschenk eindeutig beweist), erwarte von Ihnen aber auch eine freundlichere Haltung.

Geschenke und Gefälligkeiten

Manche Organisationen setzen diese Methode in einer etwas schärferen Variante ein. Die Kunden erhalten dann zunächst ein Geschenk und werden später um einen kleinen Gefallen gebeten, zum Beispiel, das Unternehmen im Bekanntenkreis weiterzuempfehlen und Adressen potenzieller Kunden zu nennen. Oft wenden dies auch karitative Organisationen oder Religionsgemeinschaften an, überreichen Passanten auf der Straße ungefragt ein wertloses Geschenk – zum Beispiel eine Zeitschrift oder eine Einladung zu einer Veranstaltung – und bitten als Gegenleistung um eine „freiwillige" Spende. Die Praxis hat gezeigt, dass Spenden größer ausfallen, wenn man vorher eine ungewollte Dankesschuld auflädt.

Knappheit

Wenn eine Sache, eine Dienstleistung oder ein Produkt als besonders knappes Gut verkauft werden, zeigt sich bei vielen Menschen die Neigung, dies sofort in den eigenen Besitz bringen zu wollen. Dabei werden häufig rationale Entscheidungen völlig außer Acht gelassen, da man sich durch den augenscheinlichen Druck, noch an die Sache heranzukommen, nur noch auf das „Haben" konzentrieren kann.

Konzentration auf das Besitzen

Dies erklärt auch, warum besonders seltene Stücke eines Gutes oft zu einem nicht mehr angemessen hohen Preis gehandelt werden. Sammler zahlen Höchstpreise für seltene Briefmarken oder für fehlerhafte Produktionslinien eines Produktes, die – in begrenzter Stückzahl – nicht mehr zu gebrauchen sind. Bei Auktionen wird dieses Prinzip besonders deutlich, wenn Personen sich gegenseitig zu Preisen hochschaukeln, die oft dem Wert des angebotenen Stücks in keiner Weise entsprechen.

Ein Immobilienmakler setzt diese Methode oft im privaten Bereich ein. Wenn er eine Wohnung zu vermieten hat, lädt er gleich mehrere Interessenten zur gleichen Zeit ein. Dabei behandelt er den ersten Interessenten zunächst zuvorkommender, indem er ihm mitteilt, dass er ja der Erste gewesen sei und er ihm deshalb den Vortritt lasse – sofern er sich sofort entscheiden kann. Die nachfolgenden Interessenten stehen dann oft schon Schlange und weil sie sehen, dass noch andere Personen an der Wohnung interessiert sind, beginnen sie nervös zu werden. Unter dem Druck sich gegenüber einer Menge von Interessenten durchsetzen zu können, entscheiden sich manche Interessenten sofort, ohne die Wohnung richtig zu besichtigen. Wenn er für eine zu verkaufende Immobilie nur einen einzigen Interessenten hat, dann bemerkt der Makler beiläufig, dass es noch weitere Interessenten gibt, die sich noch nicht entschieden haben. Meistens erfindet er einen wohlhabenden Arzt oder Unternehmer, der sich gerne im betroffenen Ort niederlassen möchte und die Entscheidung nur noch mit seiner Familie klären möchte. Die vermeintliche Knappheit und die plötzliche Konkurrenz zu einer wohlhabenden (angesehenen) Person versetzt dabei manche Kunden dermaßen in Panik, dass sie den Makler geradezu anflehen, die Wohnung doch für sie so lange zu reservieren bis die Bank die Finanzierungszusage unterschrieben hat. Selbstverständlich akzeptieren diese Kunden dann weitere nachteilige Bedingungen.

BEISPIEL

Wenn eine Sache plötzlich knapp scheint, verliert man persönliche (Entscheidungs-)Freiheit. Plötzlich meint man, sich sofort für eine Sache entscheiden zu müssen, um sie nicht für immer zu verlieren. Dann neigt man häufig zu spontanen Entscheidungen ohne tiefere Überlegungen.

Vorsicht bei „knappen" Angeboten

Seien Sie daher vorsichtig, wenn Sie in Verhandlungen oder Prospekten Hinweise darauf erhalten, dass eine Sache nur begrenzt zu haben sei. Vielleicht finden Sie entsprechende Hinweise bei Seminarveranstaltern, die bereits im Prospekt auf die begrenzten Teilnehmerzahlen aufmerksam machen. Hier wendet der Verkäufer eine Strategie an, die Sie zu einer übereilten Entscheidung zwingen soll.

Übertriebene Konsequenz

Ist Ihnen schon aufgefallen, dass sich in Talkshows selten ein Gast von der Meinung eines anderen überzeugen lässt? Ich habe mich früher häufig gefragt, wie Menschen sich so vehement hinter einer Meinung stehen und sie auch bei zwingenden Gegenargumenten nicht ändern können. Der Grund dafür: In unserer Gesellschaft gilt es als Tugend, konsequent zu sein.

Betritt ein neuer Gast den Talkraum, so stellt er sich in der Regel vor, nennt seinen Namen und gibt ein kurzes (jedoch eindeutiges) Statement zu seiner Überzeugung ab. Diese Aussage legt den Gast dann für den gesamten Verlauf der Sendung fest. Bis zum Ende des Gespräches sind die Gäste damit beschäftigt, Argumente zu vertreten, die ihre anfangs dargestellte Überzeugung untermauern. Durch die Position, die jeder bezogen hat, ist er so festgelegt, dass es kaum möglich scheint, diese Haltung zu ändern oder eine andere Meinung zu tolerieren.

Festlegung auf einen Standpunkt

Dieser innere Zwang zur Konsequenz kann in Verhandlungen verheerende Folgen haben. Hat man sich zu Beginn einer Verhandlung bereits auf einen Standpunkt festgelegt (oder festlegen lassen), so kann die Gegenseite die nun folgende Diskussion benutzen, um Zugeständnisse zu erhalten, die praktisch der eigenen Vernunft widersprechen.

Passen Sie also auf, wenn jemand Sie auf eine Meinung festzulegen versucht oder Sie gar auffordert Ihren Standpunkt vor neutralen Zuschauern kurz zusammenzufassen. Die innere Haltung, eine einmal geäußerte Meinung konsequent zu vertreten, selbst wenn dies offensichtlich zum Nachteil geschieht, kann zum Verhängnis werden.

Gesellschaftliche Normen

Häufig klagen Betroffene eines Unfalls, dass ihnen die umstehenden Personen nicht geholfen haben, obwohl eindeutig war, dass man dringend Hilfe brauchte. Befragt man im Nachhinein diese Personen nach dem Grund für die unterlassene Hilfeleistung, so geben fast alle an, dass sie davon ausgingen, dass kein Handlungsbedarf vorlag, weil alle anderen umstehenden Personen ebenfalls nicht gehandelt hätten. Es ist also nicht die so oft beklagte Anonymität unserer Gesellschaft für dieses Verhalten verantwortlich, sondern die menschliche Neigung, sich in unsicheren Situationen wie alle anderen Beteiligten zu verhalten.

Eine Variation dieses Verhaltens trifft Selbstmörder. Wissenschaftliche Studien belegen, dass sich die Zahl der Selbstmorde drastisch erhöht, wenn die betroffene Gesellschaftsgruppe zuvor durch Zeitungen und Nachrichtensendungen vom Selbstmord einer bekannten Persönlichkeit erfahren hat. Die Selbstmordrate unter einer Personengruppe steigt um so mehr, je stärker sie sich mit der Persönlichkeit identifiziert.

Unsicherheit und gesellschaftliche Normen

Menschen neigen dazu, sich immer dann nach sozialen Normen bzw. nach anderen Beteiligten zu richten, wenn sie sich unsicher fühlen. Dann werden Entscheidungen gerne kritiklos hingenommen und es kommt zu unüberlegten Handlungen.

In Verhandlungen wird häufig bei unsicheren Punkten angeführt, wie sich andere Parteien bei derselben Frage verhalten haben. Damit wird die Schlussfolgerung nahe gelegt, dass man sich in dem konkreten Fall doch einfach genauso wie alle anderen verhalten könnte. Dass dieses Verhalten in letzter Konsequenz für die eigene Seite von Vorteil sein kann, wird dabei häufig verschwiegen.

Lösung nach bewährtem Muster

Fühlt sich ein Verhandlungspartner unsicher, so entsteht automatisch der Drang, die Lösung nach dem Muster der Vorgänger durchzuführen. Wenn dies der Fall ist, unterbrechen Sie die Verhandlung oder verschieben Sie die strittige Frage auf einen späteren Zeitpunkt. Versuchen Sie dann – unbeeinflusst von anderen Meinungen – selbst die für Sie richtige Entscheidung zu finden.

Abschlusstaktiken

Akzeptieren Sie niemals die „goldene Mitte"

BEISPIEL

Ein Mitarbeiter, der sich noch in der Probezeit befand, bat mich einmal um unbezahlten Urlaub, um dringende Hausarbeiten zu erledigen. Da er wegen seiner Probezeit eigentlich keinen Urlaub nehmen wollte bot er an, den Urlaub unbezahlt zu nehmen.

Nach zwei Tagen rief er mich an. Beim Gardinenaufhängen war er von der Leiter gefallen und hatte sich dabei den Arm gebrochen. Sein Hausarzt hatte ihn bereits für vier Wochen krankgeschrieben. Wir sprachen darüber, wie es bei einem unserer Kunden weitergehen sollte, der von dem Mitarbeiter persönlich im Umfeld des Netzwerkes betreut wurde, und einigten uns darauf, dass der Mitarbeiter sich direkt mit dem Kunden in Verbindung setzen sollte, um zu klären, welche Vorgehensweise am sinnvollsten sei.

Am nächsten Tag besuchte der Mitarbeiter den Kunden und beide zusammen riefen mich an. Ihr Vorschlag lautete: Mein Mitarbeiter war bereit weiterzuarbeiten und die Krankmeldung zu vernichten, um den Kunden bedienen zu können. Da er durch seinen Gipsarm jedoch nur begrenzt arbeitsfähig war, hatte er dem Kunden angeboten für die Dauer der Heilung zum halben Preis zu arbeiten.

Nachdem sich die beiden auf diesen Kompromiss geeinigt hatten, lag es nun an mir, dieser Absprache zuzustimmen. Nachdem ich die Sache ein wenig verwirrt abgelehnt hatte, musste ich noch lange über den Einfallsreichtum des Mitarbeiters und die Komik dieser Geschichte nachdenken. Neben möglichen rechtlichen Konsequenzen hätte eine solche Entscheidung vermutlich massive Probleme bei weiteren Preisabsprachen nach sich ziehen können.

Es ist sehr beliebt, sich bei unterschiedlichen Preisvorstellungen während einer Verhandlung in der Mitte zu treffen. Zwei Parteien bieten einen unterschiedlich hohen Geldbetrag für eine Sache und treffen sich schließlich in der Mitte. Dabei merkt man jedoch früher oder später, dass man eigentlich gar nicht verhandelt hat.

BEISPIEL

Sie fordern 10 000 € für ein gebrauchtes Motorrad und weil ich höchstens 9 000 € bezahlen möchte, biete ich 8 000 €. Sie werden nun vielleicht Ihre Forderung auf 9 500 € reduzieren. Daraufhin biete ich 8 500 € als „letztes Angebot". Schließlich geben Sie nach und sagen „Warum treffen wir uns nicht einfach in der Mitte? Also 9 000 € und die Sache ist in Ordnung."

Betrachtet man diese Verhandlung aus der Sicht des Käufers, so hat dieser letztendlich genau das erreicht, was er von vornherein geplant hatte. Letztendlich hat er Ihnen bereits bei 8 000 € zu verstehen gegeben, dass er nur 9 000 € zahlen möchte.

Wie man sich richtig verhält

Stehen Sie zu Ihrem Angebot

Um sich nicht in der Mitte treffen zu müssen, sollte man tunlichst vermeiden, auch nur einen Gedanken dahingehend zu äußern. Machen Sie keine Zugeständnisse zur Mitte hin, auch nicht schrittweise. Behalten Sie Ihr ursprüngliches Angebot einfach bei und warten Sie ab, wie die Gegenseite reagiert.

Hat Ihr Gegenüber nämlich – wie im Beispiel oben – die 8 000 € nur geboten, um bei 9 000 € anzukommen, dann wird er selbst auf die Idee der „goldenen Mitte" kommen. Doch was ist damit erreicht?

Ihnen ist es gelungen, dass der potenzielle Käufer nicht wie anfänglich nur 8 000 € bietet, sondern von sich aus bereits 9 000 € akzeptiert. Selbstverständlich stimmen Sie diesem Angebot nicht zu, sondern bitten sich eine kurze Bedenkzeit aus.

Nach einer kurzen Pause, in der Sie sich am besten zurückziehen, können Sie der Gegenseite eröffnen: „Ich habe die Sache noch einmal durchdacht. Ich bin nicht in der Lage, auf 9 000 € herunterzugehen. Das tut mir wirklich Leid, weil uns jetzt nur noch

1 000 € voneinander trennen. Aber in diesem Fall warte ich lieber noch ein wenig ab, bis ich den richtigen Käufer gefunden habe." Sie können dies mit entsprechender Körpersprache unterstützen, indem Sie bei „den richtigen Käufer" mit geöffneten Händen auf Ihren Opponenten zeigen. Dies suggeriert, dass Sie ihn für den richtigen Käufer halten. Sie bringen damit zum Ausdruck, dass Sie davon ausgehen, Ihr Gegenüber habe sich bereits auf 9 000 € eingelassen. Warten Sie nun die Reaktion der Gegenseite ab. In den meisten Fällen wird nun der Vorschlag kommen, sich doch auf 9 500 € zu einigen. Wenn Sie zufrieden sind, schließen Sie jetzt den Kauf ab. Andernfalls verwenden Sie die Taktik gleich ein weiteres Mal.

Körpersprache einsetzen

Die Bohrertaktik

Kennen Sie das Gefühl, wenn der Zahnarzt in einem Zahn unermüdlich bohrt und gar nicht mehr zu stoppen ist? Da Sie unmöglich sprechen können, haben Sie vereinbart, dass Sie die Hand heben, wenn der Schmerz unerträglich ist. Sie sitzen also in dem Zahnarztstuhl und trotz Betäubung wird der Schmerz immer größer. Hilfesuchend blicken Sie den Arzt an, schließlich heben Sie die Hand. Der Arzt meint beschwichtigend „Ist gleich vorbei" und doch bohrt er weiter, um seine Arbeit erfolgreich zu beenden.

Auf Verhandlungen bezogen bedeutet das Folgendes: Man ist bereits davon überzeugt, eine Verhandlung endgültig abgeschlossen zu haben. Nun beginnt die andere Seite mit dieser Bohrertaktik und verhandelt zu ihren eigenen Gunsten weiter. Die Vorfreude auf den abgeschlossenen Handel kann einen dazu verführen, bei Nachforderungen leicht nachzugeben.

Nachforderungen nicht unter Druck nachgeben

Bei einer Verhandlung stehen grundsätzlich beide Seiten unter Druck. Ist die Verhandlung abgeschlossen, so wird der Druck abgebaut und ein Gefühl der Entspannung stellt sich ein. Wird dann jedoch erneut ein Verhandlungspunkt angesprochen, baut sich die Spannung sofort wieder auf. Dies wird nun als belastend empfunden. Um schnell wieder zur Entspannung zu kommen, ist die Bereitschaft zu Zugeständnissen ziemlich hoch.

Beispiele aus der Verhandlungspraxis

Unterzeichnen von Kaufverträgen

Die Bohrertaktik ist beim Abschluss eines Kaufvertrages gut einsetzbar. Sie zögern vor der Unterschrift und bitten den Verkäufer um eine weitere Leistung. In den meisten Fällen wird der Verkäufer nachgeben, da seine Angst vor einem gescheiterten Verkauf sehr groß ist.

Kaufen Sie beispielsweise ein Auto, so können Sie direkt vor Unterschrift des Vertrages – also in jedem Fall nach der Verhandlung über den günstigsten Preis – noch nachfassen und den Verkäufer fragen „Ist die erste Inspektion (ein voller Tank, die Fußmatten) in diesem Angebot inbegriffen?“ Zeigt sich der Verkäufer unwillig, dann können Sie beispielsweise antworten: „Ist es denn möglich, dass ein Fahrzeug dieser Preisklasse ohne Fußmatten geliefert wird?“

Einstellungsverträge für Arbeitnehmer

Bei Verhandlungen über Einstellungsverträge (auch Gehaltserhöhungen oder Beförderungen) ist es ratsam, nicht gleich mit der Tür ins Haus zu fallen und alle Forderungen auf einmal zu stellen.

Sinnvollerweise thematisiert man zunächst nur die wichtigsten Forderungen wie die nach Gehalt oder Position. Andernfalls erleichtern Sie es der Gegenseite, Bedingungen an die Erfüllung all Ihrer Forderungen zu stellen.

Nach einer Beförderung könnten Sie „bohrend“ weitere Wünsche vermitteln: „Sie werden sicherlich verstehen, dass ich in der neuen Position auch eine eigene Assistentin (oder einen Laptop, einen Dienstwagen, ein Mobiltelefon, einen eigenen Parkplatz, vermögenswirksame Leistungen, eine weitere Kompetenz) benötige.“ Wenn Sie die Forderung auf diese Weise ansprechen, kann der Verhandlungspartner die Zugeständnisse aus der ersten Verhandlungsrunde nicht mehr gegenrechnen. Hätten Sie gleich zu Beginn alle Forderungen gestellt, dann hätte die Gegenseite womöglich einige oder sogar alle Forderungen abgelehnt.

Das Verhandeln um weitere Kompetenzen kann nach Abschluss eines Arbeitsvertrages jederzeit als „Bohrer“ eingesetzt werden. Ist der Vorgesetzte ohnehin unter Druck, ist es relativ leicht, entsprechende Forderungen durchzusetzen.

BEISPIEL

In einem Unternehmen war vor einigen Monaten ein Arbeitnehmer beschäftigt, der mit dieser Methode permanent versuchte, zu weiteren Zugeständnissen zu kommen. Stand sein Geschäftsführer unter Druck, setzte er verschiedene „Bohrer" an. Auf diese Weise wurde er innerhalb weniger Wochen Personalchef. Selbstverständlich begründete er die Notwendigkeit der Zugeständnisse immer so geschickt, dass eine logische Gegenargumentation schwer fiel. Sein penetrantes Vorgehen brachte ihm jedoch nach einiger Zeit keine Unterstützung seiner Vorgesetzen, sodass die Zusammenarbeit letztendlich zum Scheitern verurteilt war.

Diese Taktik sollten Sie im Alltag sparsam einsetzen. Anfängliche Erfolge täuschen häufig darüber hinweg, dass die Gegenseite sich mit den getroffenen Entscheidungen unwohl fühlt. Sie räumt Ihnen zwar im Moment noch Zugeständnisse ein, wird sich für die Zukunft aber möglicherweise vornehmen, sich von Ihnen zu distanzieren.

Die Taktik der kleinen Leute

Kinder verstehen sich hervorragend darauf, so lange zu „bohren", bis ihre Wünsche auch tatsächlich erfüllt werden.

BEISPIEL

Mein Neffe hat seinen Vater auf diese Weise bestens „im Griff". Er konnte ihn dazu bewegen, ihm zu seinem zwölften Geburtstag genau die teure Stereoanlage zu schenken, die er sich gewünscht hatte.
Kaum hatte er die Anlage in Betrieb genommen, eröffnete er seinem Vater den Wunsch nach neuen Lautsprechern, da seine alten für die neue Anlage angeblich nicht mehr tauglich wären. Mit entsprechenden Prospekten untermauerte er die absolute Notwendigkeit. Kaum war auch dieser Wunsch erfüllt, wurde über Lautsprecherkabel verhandelt, denn ohne Kabel ging es ja nun wirklich nicht. Welche Stereoanlage hätte mein Neffe wohl bekommen, wenn er die Kosten für Lautsprecher und Zubehör gleich am Anfang erwähnt hätte?

Die Bohrertaktik nutzt den verletzlichsten Punkt des Verhandlungspartners aus. Gerade wenn er meint, der Handel sei erfolgreich abgeschlossen, kann man ihn durch „Bohren" zu weiteren Zugeständnissen bewegen.

Keine Zugeständnisse verhandeln

Nutzen Sie die „Bohrertaktik" immer dann, wenn Sie nach kleinen Zugeständnissen fragen. Die Chance ist dann am größten, wenn Sie nach der eigentlichen Verhandlungsrunde nachhaken. Diese Taktik ist für denjenigen, der sie anwendet, äußerst effektiv, für die Gegenseite aber zerstörerisch, weil damit die gesamte Verhandlung gefährdet werden kann. Sie können damit jemanden zu Handlungen und Zugeständnissen zwingen, die er gar nicht will. Daher ist diese Taktik im täglichen Umgang miteinander mit Vorsicht zu genießen.

Gegentaktiken

Sichtliches Aufatmen und die eigene Freude am Ende der Verhandlungen sollten so lange hinausgezögert werden, wie die Gegenseite noch Gelegenheit hatte, weitere Forderungen zu stellen. Ein geschickter Verhandlungsstratege erkennt zu leicht die „entspannte" Lage und nutzt dies gründlich aus.

„Sind Sie nicht ein wenig kleinlich?"

Eine einfache und wirkungsvolle Methode ist, der Gegenseite vorzuwerfen, sie sei ein wenig kleinlich. Der leise Hinweis „Na hören Sie mal, Sie haben da gerade einen ziemlich guten Vertrag ausgehandelt und jetzt wollen Sie auch noch diese Forderung durchsetzen? Halten Sie das nicht für ein wenig unverschämt?" fördert bei der Gegenseite die Überzeugung, dass weiteres Bohren nicht erfolgreich sein wird.

BEISPIEL

> Ein Geschäftspartner hatte von uns einen geleasten Server übernommen, den wir zu diesem Zeitpunkt nicht benötigten. Eine vorzeitige Rückgabe an die Leasing-Gesellschaft war im Vertrag nicht vorgesehen. Für den Geschäftspartner jedoch war die Übernahme die Gelegenheit, ein fast neuwertiges Gerät nutzen zu können. Nun wollte uns der Geschäftspartner nach einigen Monaten das Gerät vorzeitig zurückgeben. Wir akzeptierten diese Vertragsänderung unter der Bedingung, dass das Gerät in ordnungsgemäßem Zustand sei.

Nachdem man sich über die Rückgabebedingungen geeinigt hatte, forderte der Geschäftspartner noch ein bisschen mehr: Er verlangte, dass wir uns am Ersatz der Verschleißteile anteilig beteiligen sollten, denn schließlich sei das Gerät ja vorher von uns benutzt worden.
Diese Forderung kam mir so ungeheuerlich vor, dass mir die Worte fehlten. Schließlich hatte er den Server schon zu günstigsten Konditionen bekommen. Hätten wir seiner Forderung nachgegeben, hätte er die Möglichkeit gehabt, uns mit Rechnungen zu ärgern.
Noch immer empört wandte ich ein, dass wir dann rückwirkend für seine Benutzung einen Ausgleich fordern müssten. Seine Antwort kam prompt „Herr Sommer, Sie fangen langsam an kleinlich zu werden!" Das allerdings hatte ich die ganze Zeit von meinem Gegenüber gedacht. Ich war so perplex, dass ich nicht schlagfertig genug reagieren konnte. Bald aber musste ich doch über diese Taktik schmunzeln und mein Ärger war verflogen.

Es ist wichtig, den anderen immer darauf hinzuweisen, dass Sie weiteres Nachverhandeln für kleinlich halten, andernfalls wird er Ihnen genau das unterstellen.

Die Ausschlussfrage

Vom Verkauf her ist die Ausschlussfrage geläufig. Hierbei wird bereits vor einem Zugeständnis überprüft, ob der Gegenüber wirklich kaufen will, indem man ihm folgende Fragen stellt.

BEISPIEL

Verkaufsgespräch. Käufer: „Können Sie in zwei Wochen liefern?" – Verkäufer: „Wenn wir das können, geben Sie uns dann den Auftrag?"

- Alternative 1: Käufer: „Ja." – Verkäufer „Gut, wir werden in zwei Wochen liefern. Danke für den Auftrag!"
- Alternative 2: Käufer: „Nein." – Verkäufer: „In dem Fall gibt es noch Dinge, die wir nicht besprochen haben, was ist es?" – Käufer: „Sie müssten uns im Preis ein wenig entgegenkommen!" – Verkäufer: „Wenn ich Ihnen zeigen kann, dass unser Preis für Sie der richtige ist, bekomme ich dann den Auftrag?"

Die Ausschlussfrage grenzt also die Möglichkeiten des Käufers ein, da von vornherein weitere Verhandlungspunkte ausgeschlossen sind. „Bohren" ist somit zwecklos. Stellt man diese Frage nicht, riskiert man weitere Zugeständnisse. Zweckmäßig ist es, diese Frage bereits im Anfangsstadium eines Gesprächs zu stellen; damit schließt man unliebsame Überraschungen aus und gelangt schneller ans Ziel.

Gratulieren Sie dem anderen immer

Gute Verhandlungsführer gratulieren dem Gegenüber nach der Verhandlung auch bei einem nur schwachen Ergebnis. Sie zeigen der Gegenseite damit ihren Respekt und das verbindet auf gewisse Weise, vor allem, wenn es auch für den Verhandlungsführer nicht leicht war, zu einem guten Ergebnis zu kommen. Dem eigentlichen „Verlierer" wird dadurch ein positives Gefühl vermittelt und er sieht sich – zumindest teilweise – ebenfalls als Gewinner. Dadurch erhalten Sie die Freundschaft.

Positives Gefühl verstärken

Unmoralische Taktiken

Der gierige Käufer

Diese Taktik ist dann sehr erfolgreich, wenn sich Käufer und Verkäufer in ihrer Unehrlichkeit geradezu übertreffen und den anderen gerne mal „übers Ohr hauen" wollen. Der Verkäufer baut bewusst einen Fehler zugunsten des Käufers in sein Angebot ein. Er geht davon aus, dass der Käufer gierig ist und diesen Fehler, obwohl er ihn bemerkt, nicht meldet.

Käufer vom Abwägen abhalten

Kurz bevor der Käufer unterschreibt, gibt der scheinheilige Verkäufer im letzten Moment seinen Irrtum zu und versucht nun, den Käufer schnell zu einer Unterschrift zu bewegen. Schließlich ist der Preis überhöht und dem Verkäufer ist es gelungen, den Kunden durch seine eigene Gier vom Überlegen abzuhalten. Der Käufer unterschreibt dann häufig mit einem schlechten Gewissen, denn er hatte den Fehler ja bemerkt. Statt ein „Schnäppchen" erstanden zu haben, hat er nun überteuert gekauft.

BEISPIEL

Sie wollen sich eine neue Wohnzimmereinrichtung kaufen und lassen sich von dem Verkäufer ein Angebot zusammenstellen. Dieser rechnet nun alle Komponenten zusammen. Doch statt den richtigen Preis für die Sessel zu notieren, rechnet er den Preis für ein dem Namen nach ähnliches Modell. Dies fällt Ihnen zwar auf, Sie sagen jedoch nichts, in der Hoffnung, dass der Verkäufer den Fehler erst bemerkt, wenn es für ihn zu spät ist. Er stellt das Angebot weiter zusammen und in Ihrer Aufregung konzentrieren Sie sich nur noch auf den Fehler, weil Sie hoffen, dass er unbemerkt bleibt.
Nachdem das Angebot fertig gestellt und das Geschäft nahezu abgeschlossen ist, stellt der Verkäufer scheinbar zufällig fest, dass er Ihnen einen falschen Preis für die Sessel genannt hat. Für Sie ist es nun sehr unangenehm zugeben zu müssen, dass Sie dies bereits bemerkt hatten. Ebenso peinlich ist es zu sagen, dass Sie den höheren Preis nicht akzeptieren wollen. Also werden Sie wahrscheinlich schweigen und den Kaufvertrag dann auch unterschreiben, denn schließlich fühlen Sie sich innerlich ertappt und Ihr schlechtes Gewissen drängt Sie geradezu zur Unterschrift.

Auch die folgende Situation kann verführerisch sein, wenn vor lauter Gier nicht mehr überlegt gehandelt wird.

BEISPIEL

Sie beabsichtigen ein Haus zu kaufen und schauen sich deshalb ein infrage kommendes Gebäude an. In dem Haus sehen Sie einen wunderschönen alten Teppich, dessen Aussehen Sie loben. Der Makler bestätigt Sie in Ihren Äußerungen und erwähnt so ganz nebenbei, dass solche Teppiche nur noch sehr schwer – wenn überhaupt – zu bekommen seien. Er eröffnet Ihnen, dass möglicherweise der Teppich und vielleicht einige andere Gegenstände im Objekt inbegriffen sind.
Natürlich steigt Ihr Interesse und Sie fragen den Makler: „Ja, meinen Sie denn wirklich, dass diese Gegenstände mit verkauft werden?“ Siegesgewiss könnte er antworten: „Ganz sicher bin ich mir da nicht, aber lassen Sie uns das doch als Bedingung in Ihr Angebot mit aufnehmen!“ Wenn Sie nun akzeptieren, ha-

> ben Sie aus der Gier nach einigen vielleicht wertlosen Gegenständen gleich das ganze Haus gekauft, denn sicher wird der Makler Mittel und Wege finden, dass der Eigentümer Ihnen seinen alten Krempel überlässt.

Gegentaktik

Diese eher unmoralische Taktik zeichnet sich durch Skrupellosigkeit auf beiden Seiten aus. Sie lässt sich relativ leicht verhindern, wenn Sie gleich zu Beginn auf mögliche Fehler bei Angeboten hinweisen. Auf diese Weise sichern Sie sich seine Sympathie oder – wenn es tatsächlich Absicht war – zeigen ihm, dass Sie nicht durch solche Taktiken „zu kaufen" sind.

Bleiben Sie lieber ehrlich und geradlinig, denn dann sind Sie gegen derartige Attacken gewappnet. Stößt der andere nämlich auf Ihren Widerstand, halten Sie ihm damit seine eigene Schwäche und Unehrlichkeit vor Augen und er kann davon ausgehen, dass er mit Ihnen keinen Kaufvertrag abschließen kann und Sie somit auch für die Zukunft als Kunde verloren hat.

Rosinenpicken

Preisangebote einholen

Einkäufer in großen Unternehmen werden gewöhnlich von der Geschäftsleitung dazu angehalten, Preisofferten bei mehreren Lieferanten einzuholen, um so den preisgünstigsten herauszufinden und bei ihm einzukaufen. Die Realität sieht jedoch häufig ein wenig anders aus, wie mir ein Lieferant kürzlich berichtete.

BEISPIEL

> Ein bekannter Unternehmer ruft mich häufig an und bittet mich um ein Angebot für einen seiner Kunden. Dabei gibt er schon die Preise und den Umfang des Angebotes vor. Das auf diese Weise beeinflusste Angebot leitet er anschließend direkt an den Einkäufer seines Kunden, um diesem weitere – selbstverständlich unattraktivere – Angebote vorzulegen.
> Mit dieser Methode schafft es der Einkäufer immer wieder, bei seinem Lieblingslieferanten zu kaufen und gleichzeitig das angeblich günstigste Angebot vorzuziehen. Der Firmenpolitik ist damit Genüge getan. Sollte tatsächlich einmal der Zuschlag an mich erteilt werden, so könnte mein Bekannter das Geschäft trotzdem ausführen und ich würde die Differenz behalten.

Obwohl diese Art von Geschäft sicherlich fragwürdig ist, zeigt sie doch, welcher Einfluss auf Kunden genommen werden kann. Außerdem erkennen Sie, dass ein guter Kontakt zu den Entscheidungsträgern Kunden sogar veranlassen kann, Ihnen Vorteile und Möglichkeiten zu verschaffen, selbst auf die Gefahr hin, dass Sie Ihrem Arbeitgeber gegenüber unfair handeln. Ein Einkäufer wird diese Vorgehensweise nie als unfair bewerten, denn er hat sich vordergründig an alle Vorgaben gehalten und durch seine vermeintlich objektive Auswahl den besten Lieferanten gewählt.

Die Taktik des Rosinenpickens wird häufig von Einkäufern verwendet, die nur darauf bedacht sind, den maximalen Profit zu erzielen. Hierzu ist es äußerst effektiv, mehrere Angebote einzuholen.

BEISPIEL

Plant man beispielsweise, eine Außenanlage für ein Haus oder ein Bürozentrum in Auftrag zu geben, so könnten die Angebote lauten:

Leistung	**Lieferant A**	**Lieferant B**	**Lieferant C**
Durchführung des Bauvorhabens	18 000 €	16 000 €	16 800 €
Anschließende Gewährleistung	1 Jahr	6 Monate	6 Monate
Fertigstellung	4 Monate	4 Monate	3 Monate

Der Einkäufer wird nun folgendermaßen vorgehen: Er verhandelt mit Lieferant B, indem er ihm die Gewährleistungsfrist von Lieferant A zeigt. „Sehen Sie, Lieferant A gibt mir die doppelte Garantiezeit für diese Anlage. Ich würde Ihnen den Auftrag ja gerne erteilen, jedoch ist die Garantie für mich der entscheidende Punkt. Sie müssen mir hier schon entgegenkommen und das dürfte bei Ihrer Qualität doch nicht schwer fallen." Falls Lieferant B akzeptiert, könnte der Einkäufer noch versuchen, die Dauer bis zur Fertigstellung zu verkürzen, indem er Lieferant B zeigt, dass es andere Anbieter gibt, die offenbar schneller arbeiten können. Auf diese Weise spielt er die Lieferanten gegeneinander aus und gibt vor, nur demjenigen den Zuschlag zu erteilen, der in allen Punkten der Günstigste ist.

Besonders gut funktioniert diese Taktik, wenn man eine größere Anschaffung plant, die aus mehreren Teilen besteht. Der Einkäufer sollte den Verkäufer dazu bringen, die Kosten möglichst bis ins Detail aufzuschlüsseln. Nur dann besteht die Möglichkeit, einzelne Positionen herunterzuhandeln, die im Vergleich zu anderen Positionen des Angebots oder zu anderen Lieferanten teurer scheinen. Aus Angst vor Konkurrenz geben Verkäufer häufig nur widerwillig detaillierte Angebote ab. Die Gefahr, dass der Kunde sich nur das herausgreift, bei dem man nur wenig verdient, ist zu groß. Außerdem kann er jedes Detail dazu benutzen, um ein gegenseitiges Rosinenpicken unter den konkurrierenden Lieferanten einzuleiten.

Preisangebote bis ins Detail aufgliedern

Hat man sich erst einmal auf einen niedrigen Preis geeinigt, so ist es nahezu ausgeschlossen, diesen Preis wieder auf ein akzeptables Niveau anzuheben. Aus diesem Grunde sollte sich der Verkäufer die Abgabe von Angeboten mit Einzelpreisen immer sehr sorgfältig überlegen.

Vorsicht bei Einzelpreisen

Ein häufiger Einwand: Man hat mit Einzelpreisen die Möglichkeit, Leistungen getrennt in Rechnung zu stellen, und man muss als Lieferant nicht darauf warten, bis alles fertig ist.

Gegentaktiken

Versucht ein Käufer diese Taktik anzuwenden, dann geben Sie keine Angebote ab, die das Rosinenpicken auch nur zum kleinsten Teil ermöglichen. Stellen Sie Ihre Leistung oder Ihr Produkt so dar, dass man alles nur komplett erwerben kann. Auf diese Weise entziehen Sie der Taktik ihre Wirkung. Darüber hinaus kann es sinnvoll sein, die anderen Angebote zu studieren. Wenn der Käufer die Vorzüge eines anderen anpreist, so bitten Sie ihn, Ihnen einmal das gesamte Angebot Ihres Konkurrenten zu zeigen. Selbstverständlich verunsichern Sie damit Ihr Gegenüber, der in den meisten Fällen ablehnen wird. Da Sie nun nicht wissen, was das andere Angebot enthält oder ob es überhaupt existiert, können Sie erwidern: „Ich bin sicher, dass das andere Angebot sehr scharf kalkuliert ist, doch wenn Sie mir das Angebot nicht zeigen können, muss ich annehmen, dass es noch andere Punkte in dem Angebot gibt, die den scheinbar günstigen Preis wieder ausgleichen." Lassen Sie sich diese Ansicht nicht wieder ausreden, denn sonst stärken Sie automatisch die Position des anderen.

Manche Einkäufer drohen nur damit, dass sie andere Angebote einholen werden: „Ich würde Ihnen ja den Auftrag gerne geben. Sie müssen aber verstehen, dass ich noch weitere Angebote einholen muss. Wenn Sie also das eine oder andere etwas günstiger anbieten könnten, wäre ich Ihrem Angebot nicht abgeneigt." In diesem Fall ist es sinnvoll, erst einmal zuzustimmen. So könnte die Antwort lauten: „Natürlich kann ich verstehen, dass Sie noch andere Angebote einholen müssen."

Jetzt wäre es günstig, die Konkurrenz zu kennen: „Wie wäre es, wenn Sie es einmal bei der Firma WXF versuchen. Ich kenne diese Firma sehr gut. Sie machen in der Regel auch günstige Preise. Aber achten Sie darauf, dass in dem Angebot auch das Projektmanagement enthalten ist. Das gerät oft in Vergessenheit und wird letztendlich zusätzlich berechnet, sodass Sie eventuell zu viel bezahlen. Oder gehen Sie zur Firma XYZ, dort erhalten Sie mit Sicherheit ein ähnliches Angebot. Sie sollten sich aber darauf einstellen, dass die Lieferzeiten sehr lang sein können."

Marktkenntnis zeigen

Sie demonstrieren Ihrem Gegenüber hiermit, dass Sie den Markt und die handelsüblichen Preise bestens kennen und über die Konkurrenz gut informiert sind. Das demotiviert den anderen geradezu und nimmt ihm jede Lust, tatsächlich andere Angebote einzuholen. Loben Sie Ihre Konkurrenten immer und sprechen Sie positiv über diese. Weisen Sie jedoch auf mögliche Schwachpunkte hin und unterstreichen Sie dabei die eigenen Stärken. Natürlich sollten Sie Ihre Konkurrenten gut genug kennen, um eine richtige Aussage treffen zu können. Es wäre überaus peinlich, wenn der Kunde freudestrahlend mit dem Angebot des Konkurrenten auf Sie zukommt und erzählt, dass er sich nun doch für diesen entschieden hat, weil er – entgegen Ihrer Aussage – doch sehr schnell liefern konnte.

Das Rosinenpicken lässt sich vermeiden, wenn Sie den bekannten „guten Draht" zum Kunden aufbauen. Die Taktik wird nämlich oft gerade dann eingesetzt, wenn der persönliche Kontakt nicht so wichtig ist und man tatsächlich nur die günstigsten Konditionen erzielen möchte.

Vorausgesetzte Handlungen

Kaufleute verhandeln in einer Besprechung meist nach einem bestimmten Schema: Der Verkäufer erstellt ein Angebot und der Käufer widerspricht diesem. Andernfalls kann nämlich der Verkäufer liefern, ohne dass es einer weiteren Bestätigung bedarf.

Diese gesetzliche Regelung ist den wenigsten bekannt und kann daher bei einem Kauf zum Streit führen. Es geschieht immer wieder, dass der Käufer dem Verkäufer nicht mitteilt, dass er nicht kaufen will. Aus diesem Grunde bitten fast alle Lieferanten nach Abgabe eines Angebotes den Käufer noch einmal telefonisch oder schriftlich um eine Auftragsbestätigung. Beide Seiten sollten einig darüber sein, ob eine Auftragserteilung stattgefunden hat oder nicht, sonst steht der Postbote unerwartet vor Ihrer Tür und liefert das „gewünschte" Produkt.

Auftrag mit Konditionen bestätigen

Von einer vorausgesetzten Handlung spricht man, wenn eine Partei eine Schlussfolgerung trifft, die nachteilig für die andere Seite ist. So kann es beispielsweise passieren, dass die Gegenseite Ihre Rechnungen erst nach 90 Tagen begleicht mit dem Vermerk, dass alle Lieferanten diese Zahlungsbedingungen akzeptieren würden. Andere Firmen wiederum ziehen vom Rechnungsbetrag unbegründet zwei Prozent Skonto ab, obwohl dies nicht zu den Vertragsbedingungen gehört. Wenn Sie aus Zeitdruck Skontoabzug tolerieren, wird sich beim nächsten Auftrag die Gegenseite – auf den Sachverhalt angesprochen – darauf berufen, dass dies doch auch vorher schon so gehandhabt wurde und sie nun nicht verstehen kann, weshalb Sie den Skontoabzug gerade jetzt reklamieren.

BEISPIEL

Ein Steuerberater garantierte mir für die Übernahme der Buchhaltung meines Unternehmens einen monatlichen Festpreis. Für die ersten drei Monate stellte er keine Rechnung. Im vierten Monat kam eine Rechnung über die vergangenen drei Monate, die zusätzliche Positionen wie EDV-Kosten und Gebühren nach Gebührenordnung auswies. In der gleichen Woche kam schließlich noch die Rechnung für den vierten Monat. Als ich ihn auf diese Rechnung ansprach, erhielt ich zunächst die Antwort, dass die vorherigen Monate ebenfalls zu diesem Preis abgerechnet wurden und er sich meine Verärgerung nicht erklären konnte.

Gegentaktik

Da es sich letztendlich um eine unfaire Taktik handelt, die ausschließlich zum Vorteil der Gegenseite eingesetzt wird, sollten Sie sie direkt darauf ansprechen.

Fragen Sie nach den Gründen und nach der Vereinbarung für dieses Geschäftsgebaren. Ist man einmal auf diese Weise übervorteilt worden, sollte man Konsequenzen ziehen und überlegen, ob man mit der Gegenseite überhaupt noch Geschäfte machen möchte oder ob man sich nicht lieber nach einem anderen Unternehmen umsieht.

Vollendete Tatsachen

Bei dieser Taktik stellt ein Verhandlungspartner den anderen vor vollendete Tatsachen. Tatkräftig und der Akzeptanz der anderen Seite sicher, handelt er zu seinem Vorteil und präsentiert der erstaunten Gegenseite schließlich das Resultat.

Manche Verkäufer liefern Produkte an ihre Kunden, die sie gar nicht bestellt haben. Spricht man diese Verkäufer später darauf an, behaupten Sie, Sie hätten dies im Interesse des Kunden getan. Die meisten Kunden scheuen jedoch davor zurück, den Verkäufer auf seinen Fehler hinzuweisen, und zahlen lieber die Rechnungen anstatt erneut zu verhandeln.

BEISPIEL

Ein Geschäftsmann ließ sich von einem Juwelier eine Uhr für 5 000 € anfertigen.
Nach der Lieferung brachte ein Bote einen Scheck über 4 000 €.
Der Bote hatte allerdings auch das Paket mit der Uhr dabei und stellte den Juwelier vor die Wahl, entweder den Scheck zu akzeptieren oder die Uhr zurückzunehmen.
Der Juwelier entschied sich gegen den Scheck und als er das Paket öffnete, fand er darin statt der Uhr einen Scheck über die vereinbarten 5 000 €.

Falsche Informationen

Eine andere, ebenfalls üble Taktik habe ich vor einigen Jahren als Trainer für EDV-Seminare erlebt.

BEISPIEL

Noch unerfahren im Verhandeln bewarb ich mich bei einem Unternehmen, das auffälliges Interesse an meiner Dienstleistung zeigte. Nach einem kurzen Gespräch war klar, dass ich für das Unternehmen arbeiten konnte. Nun ging es „ums Geld". Da ich es als Anfänger versäumt hatte, mich über das branchenübliche Gehalt zu informieren, wurde mir ein Tagessatz angeboten, der weit unter dem üblichen Niveau lag. Während der Besprechung gelang es mir dann, den Tagessatz ein wenig anzuheben. Die Verträge konnten vorbereitet werden. Nach der Besprechung nahm mich die Assistentin des Geschäftsführers kurz zur Seite und flüsterte mir zu: „Herzlichen Glückwunsch. Da haben Sie aber einen anständigen Tagessatz für sich ausgehandelt. Die anderen Dozenten werden um einiges schlechter bezahlt als Sie. Ich hoffe, Sie sind gut genug, um diesen Preis zu rechtfertigen."
Da EDV-Trainer sich seltener miteinander unterhalten als man vielleicht annimmt, dauerte es Monate, bis ich meinen Irrtum bemerkte und eine erneute Preisverhandlung begann. Natürlich war es mir unangenehm festzustellen, dass ich mich beim ersten Mal so einfach hatte einfangen lassen.

Taktik bei Preisverhandlungen bewährt

Die Taktik, mit falschen Informationen zu arbeiten, wird manchmal bei Preisverhandlungen eingesetzt. Ganz nebenbei wird da ein Mitbewerber erwähnt, dessen Preis deutlich unter dem Ihren liegt. Hier sollte man auf der Hut sein. Vermittelt Ihr Verhandlungspartner durch sein Verhalten, dass diese Zahlen eigentlich gar nicht für Ihre Ohren bestimmt sind, ist Vorsicht geboten, denn die Informationen sind sehr wahrscheinlich falsch.

Hört ein unerfahrener Verkäufer abschließend: „Wir würden gerne mit Ihnen zusammenarbeiten. Aber: Ist der genannte Preis Ihr letztes Wort oder wären Sie bereit, noch etwas herunterzugehen?", dann wird er selbst bald bei dem „zufällig aufgeschnappten" Preis liegen und stolz darauf sein, mithalten zu können.

Gegentaktiken

Falschinformationen werden häufig nur mündlich und „vertraulich“ weitergegeben. Erfahren Sie beispielsweise rein zufällig die Angebote der Gegenseite, kann Ihr Verhandlungspartner mit Recht behaupten, dass er Ihnen niemals eine solche Information gegeben hat. Weisen Sie später darauf hin, dass Sie offensichtlich getäuscht wurden, riskieren Sie, Ihr Gesicht zu verlieren und gefährden das gegenseitige Vertrauen. Sie sollten deshalb nicht direkt gegen diese Taktik vorgehen. Wenn Sie ein Geschäft trotzdem abschließen möchten, setzen Sie Ihre Vorstellungen mit einer anderen Taktik durch.

Haben Sie eine Täuschung festgestellt, sollten Sie der Gegenseite auch bei anderen Informationen nicht mehr glauben. Überlegen Sie dann genau, ob Sie zu weiteren Geschäften mit diesem Geschäftspartner bereit sind.

Die Ködertechnik

Die Ködertechnik verunsichert die Gegenseite massiv und soll sie in zunächst nicht angesprochenen Bereichen zu Zugeständnissen bewegen.

BEISPIEL

> Als Vertreter für eine Handelsware haben Sie einen wichtigen Kundentermin. Sie und der Kunde wissen, dass die Lieferzeit für die Waren regulär bei etwa sechs Wochen liegt. Trotzdem besteht der Kunde auf einer garantierten Lieferzeit von zwei Wochen und macht davon den Auftrag abhängig.
> Nach einigem Hin und Her sagt der Kunde zu Ihnen: „Also gut, wenn Sie den Preis um zehn Prozent senken, werden wir die sechs Wochen Lieferzeit akzeptieren."

Verhandlungspunkte gegeneinander ausspielen

Das Besondere an der Beispielsituation: Der Kunde versucht am Ende, einen Verhandlungspunkt gegen einen anderen auszutauschen. Dabei hat er das erste, eigentlich bedeutungslose Detail nur genannt, um später zum Wesentlichen zu kommen. Er konnte Druck erzeugen, da bereits von Anfang an klar war, dass eine Verkürzung der Lieferzeit unmöglich ist. So versuchte er, sich unter einem Vorwand Zugeständnisse zu sichern, ohne selbst auf etwas verzichten zu müssen.

Die Gegenseite sollte allerdings keine Gelegenheit bekommen, Verhandlungspunkte gegeneinander auszutauschen. Am besten weist man gleich zu Beginn auf die Unmöglichkeit eines Zugeständnisses hin.

Drohung – Finte – Ultimatum

In Verhandlungen trifft man immer wieder Menschen, die ihren Standpunkt gerne durch Androhung unangenehmer Maßnahmen sichern. Manche gehen dabei so weit, dass sie dem Verhandlungspartner mit rechtlichen Schritten drohen und ihn auf seine angeblich unsichere Position direkt hinweisen. Gleichgültig, wie die Drohung auch aussehen mag, der Drohende selbst begibt sich in Gefahr, sobald die Drohung ausgesprochen ist. Auch er riskiert nämlich, dass die Verhandlungen scheitern: Mit der Androhung setzt er den anderen sehr stark unter Druck. Da Druck immer Gegendruck erzeugt, läuft er selbst Gefahr bedroht zu werden. Der Bedrohte wird alles daransetzen den Drohenden zu entmachten.

Reaktion aus Drohung: Angriff oder Flucht

Der Bedrohte gerät verständlicherweise in einen starken emotionalen Konflikt und weiß weder ein noch aus. Vielleicht ist er – so wie das Kaninchen vor der Schlange – wie gelähmt und zu keiner Reaktion fähig. In diesem Fall gibt es für den Drohenden nur die Möglichkeit, die Drohung wahr zu machen. Tut er dies nicht aus Angst vor den Folgen, so verliert er voraussichtlich sein Ansehen, man wird ihn nicht mehr ernst nehmen. Bei der bedrohten Person aber meldet sich neben erleichtertem Aufatmen der sichere Wunsch nach Rache. Auch wenn die Drohung wahr gemacht wird, besteht noch immer die Möglichkeit, dass der Bedrohte nicht auf die Forderungen eingehen wird. Die Fronten verhärten sich und eine Einigung ist in absehbarer Zeit nicht möglich.

Wird die Drohung tatsächlich wahr, ist das das Ende der Verhandlung. Jetzt ist praktisch der letzte Trumpf ausgespielt und es gibt keine weiteren Asse im Ärmel. Diese Konsequenzen macht sich der Drohende meist nicht bewusst.

Gegentaktiken

Eine Drohung oder ein Ultimatum sollte man immer überprüfen. Mit kleinen Schritten findet man schnell heraus, wie ernst es der andere meint. Bieten Sie weniger als gefordert wird. Wenn Sie

100 000 Stück eines Produktes bis zum folgenden Tag liefern müssen, bieten Sie zunächst 10 000 Stück an. Spielen Sie auf Zeit. Wenn ein Ultimatum um 14 Uhr abläuft, warten Sie zuerst fünf Minuten und dann noch eine Viertelstunde. Vermitteln Sie dem anderen, dass Sie gerne auf die Forderungen eingehen, dass es jedoch Hindernisse gibt. Berufen Sie sich auf höhere Autoritäten und nennen Sie Zulieferer oder Instanzen, die Ihr Gegner nicht überprüfen kann. So gewinnen Sie Zeit und finden heraus, wie ernst es Ihr Gegenüber meint.

Hintergrundinformationen sammeln

Suchen Sie alle Informationen über die Gegenseite zusammen und ermitteln Sie die Hintergründe für die Drohung. Vielleicht gibt es neben den geäußerten Gründen noch versteckte? Möglicherweise ist es sogar das Ziel der Gegenseite, ihre Drohung wahr zu machen.

Auf diese Weise werden auch unangenehme Verhandlungspartner abgewiesen. Ist ein Ultimatum nicht ernst gemeint oder tatsächlich als Falle gedacht, sollte man es ruhigen Gewissens verstreichen lassen. Auf diese Weise signalisiert man die Unerschütterlichkeit des eigenen Standpunkts und verhindert weitere Drohungen.

Bei Ultimaten Stärke zeigen

Hält man sich an das gestellte Ultimatum, wird die Gegenseite dies als Schwäche auslegen und bei der nächsten Gelegenheit mit weiteren Drohungen Druck ausüben. Weisen Sie deshalb darauf hin, dass Sie Drohungen für unmoralisch halten und auch in Zukunft keinesfalls darauf eingehen werden.

Teil 2
Verhandlungsführung am Beispiel Karriere

Vorwort zu Teil 2

Kenntnisse in Verhandlungsführung. Braucht das jemand? Wer führt schon Verhandlungen? Die Antwort: Jeder! Wir alle verhandeln ständig. Ob ich mit meiner Frau diskutiere, wer heute das Essen zubereitet oder ob ich im Beruf einen Karriereschritt plane – in beiden Fällen muss ich verhandeln. Natürlich gibt es Unterschiede: Bei meiner Frau bin ich sicherlich nachgiebiger. In Verhandlungen mit meinem Verhandlungspartner beharre ich länger auf meinem Standpunkt und bin weniger kompromissbereit. In beiden Beispielen muss ein Ergebnis erzielt werden, aus dem jede Seite ihre Vorteile zieht. Sonst endet die Verhandlung in der Regel mit einem Konflikt. Sowohl bei meiner Frau als auch mit Kunden oder dem Arbeitgeber muss ich fair meine Interessen vertreten, um zu einer akzeptablen Lösung zu kommen.

Allen Lesern dieses Teils sei empfohlen, die vielen Tipps und Ratschläge zunächst nur zu lesen und in Ruhe wirken zu lassen. Erwarten Sie nicht, dass sich durch einmaliges Lesen jahrelange kommunikative Fehler beseitigen lassen. Vor Ihnen liegt die intensive Auseinandersetzung mit Ihrer Person und Ihren kommunikativen Möglichkeiten. Erstellen Sie einen Zeitplan für sich, um Schritt für Schritt die einzelnen Teile einzuüben. Erlauben Sie sich Fehler. Jahrelang eingeübtes Verhalten kann man nicht ablegen wie einen alten Hut. Ausdauer, Geduld und intensives Arbeiten an der eigenen Persönlichkeit sind die Voraussetzungen dafür, neue Verhandlungstechniken zu lernen und zu beherrschen. Nutzen Sie jede Möglichkeit im Privat- oder Berufsleben, um die neuen Methoden in die Praxis umzusetzen.

Dieser Ratgeber richtet sich an jeden, der unter den verschärften Bedingungen des Marktes Verhandlungen führen muss und sich gegenüber seinen Mitbewerbern erfolgreich durchsetzen will.

Die Checklisten, Profile und Pläne im Anhang ab Seite 188 unterstützen Sie dabei, Ihr Verhandlungsgeschick zu verbessern.

Einführung

So wie man Schwimmen nicht durch Lesen lernen kann, so kann kommunikative Kompetenz nicht nur theoretisch erworben werden. Kenntnisse über Kommunikation sind sicherlich wichtig und nützlich, um an verschiedene Lebenssituationen konstruktiv heranzugehen zu können. Aber erst wenn Sie sich ins „Wasser" trauen, werden Sie feststellen, inwieweit Sie vorhandenes Wissen auch in der Praxis umsetzen können. Hierbei sollen Ihnen die Darstellung einer systematischen Karriereplanung und Beispiele aus der Bewerberpraxis helfen.

Absagen sind keine persönlichen Niederlagen

Bewerbungen sind eine persönliche Angelegenheit. Man gibt sich Mühe, bereitet alles bestens vor, präsentiert sich in Bestform – und hält schließlich eine „mit Bedauern" formulierte Absage in Händen. Die meisten empfinden es deshalb als persönliche Niederlage, wenn sie eine Wunschposition oder einen Karriereschritt letztlich nicht erreichen. Oft kennt man noch nicht einmal den Konkurrenten, der einen auf den zweiten oder auf einen noch schlechteren Rang gedrängt hat. Bei all dem sollte man sich darüber klar sein: Es gibt viele Gründe, warum man einen Job nicht bekommt. Einiges kann man sich selbst erklären. So hat natürlich das Nachsehen, wer die Anforderungen nicht erfüllt. Es kann aber auch sein, dass die Nichte des Tennispartners einen ausspielt. Betriebliche Änderungen oder andere strategische Vorgaben machen eine vor Monaten ausgeschriebene Stelle plötzlich überflüssig. Wohl am schlimmsten für jeden Bewerber ist es, wenn eine Absage unbegründet bleibt.

Fassen Sie Mut sich zu bewerben!

Heutzutage haben viele Menschen schon schlechte Erfahrungen gemacht. Vor allem wächst die Zahl derjenigen, die länger als ein Jahr ohne Arbeit bleiben. Wo dieser grundlegende und existenzielle Bestandteil des Lebens fehlt, bekommen Gegenwart und Zukunft bald eine trübe Farbe. Was kann man tun, wenn der Stellenmarkt wie leer gefegt zu sein scheint?

Sinnvolles Investieren lohnt sich

Mein Rat für alle Arbeitssuchenden: Investieren Sie sinnvoll. Nehmen Sie sich zunächst Zeit und analysieren Sie sorgfältig Ihre bisherigen Aktionen. Die nächsten Textabschnitte zeigen Ihnen, worauf Sie achten müssen und dienen als Referenz. Sie sollten sich aber auch darauf gefasst machen, dass Sie investieren müssen: zum Beispiel für Recherchen, Büromaterial, Porto und Telefonkosten, für Kleidung, Frisör und für ein gepflegtes Äußeres. Dies erfordert eine genaue und überlegte Planung – besonders bei begrenztem Budget.

Die folgende Anleitung für eine kompetente Verhandlungsführung über einen Arbeitsvertrag und eine Gehaltsverhandlung soll Ihnen Grundsätzliches bewusst machen, erklärt, wie Sie vorgehen können und zeigt Ihnen neue Wege.

Der erste Schritt: Standortanalyse in Sachen Berufsplanung

Entgegen der landläufigen Meinung beginnt die Bewerbungsphase nicht gleich mit der Bewerbung. Vorausgehen sollte ihr eine eigene Selbst- und Standortanalyse. Erst wenn Sie wissen, worin Ihre Stärken und Schwächen liegen, und wenn Sie Ihre Berufswahl und Ihren Berufsweg daran ausgerichtet haben, können Sie im Beruf erfolgreich sein. Lassen Sie sich während der Bewerbungsphase nicht unter Druck setzen. Bewerben Sie sich keinesfalls auf alle möglichen Stellenangebote, um schnell unterzukommen oder sich aufs Geratewohl zu verändern! Streben Sie stattdessen eine Stelle an, mit der sich Ihre persönlichen und beruflichen Ziele nicht nur kurzfristig am besten verwirklichen lassen. Je nach Ihrer persönlichen Einstellung und Ihren Fähigkeiten sind Sie für bestimmte Tätigkeiten bzw. Unternehmen grundsätzlich sehr gut geeignet, während Sie bei anderen völlig fehl am Platze sind und sehr schnell unzufrieden werden können.

Denken Sie langfristig

Prüfen Sie zum Beispiel kritisch, ob Sie hinsichtlich Ihrer Persönlichkeit eher zum Spezialisten mit einem fundiertem Fachwissen in einem bestimmten Gebiet oder zum Generalisten mit solidem Grundwissen in vielen verschiedenen Bereichen neigen. Wie ausgeprägt sind Ihre Führungsqualitäten? Verfügen Sie über genügend Eigenmotivation? Sind Sie kontaktfreudig oder eher jemand, der wartet, bis andere auf ihn zugehen? Besitzen Sie analytische Stärken? Haben Sie eine hohe Frustrationstoleranz? Können Sie sich einer Sache besonders intensiv widmen oder wünschen Sie sich eher eine abwechslungsreiche Tätigkeit? Diese und weitere Fragen tragen dazu bei, mehr über die eigenen Stärken und Schwächen zu erfahren.

Charakterisieren Sie Ihre Persönlichkeit

Suchen Sie den Rat anderer

Betreiben Sie eine möglichst gründliche Standortanalyse. Beschaffen Sie sich Literatur zu diesem Thema. Sprechen Sie mit guten Freunden und Partnern über Ihre beruflichen Ziele und Vorstellungen. Suchen Sie sich Gesprächspartner, die Ihnen offen ihre Meinung sagen, auch wenn das mit unangenehmen Überraschungen verbunden sein könnte. Wenn es Ihre finanzielle Situation zulässt, ist es auch empfehlenswert, professionelle Hilfe, beispielsweise Personalberatungen, in Anspruch zu nehmen.

Stellenangebote richtig nutzen

Nach der Selbstanalyse erfolgt die Analyse des Stellenmarktes, um Klarheit über das tatsächliche Angebot und mögliche Schwachstellen in Ihrem Ausbildungs- und Berufsweg zu gewinnen. Außerdem sollten Sie den Wirtschaftsteil einer Zeitung regelmäßig lesen. Hier erhalten Sie Informationen zu Entwicklungstendenzen verschiedener Branchen und erfahren Einzelheiten über bedeutende Aufträge oder Investitionsvorhaben einzelner Unternehmen.

Lesen Sie Angebote aufmerksam

Lesen Sie alle für Sie auch nur entfernt infrage kommenden Angebote aufmerksam durch. Beziehen Sie auch kleinere Unternehmen in die Analyse mit ein. Gerade als Berufseinsteiger oder auch als älterer Arbeitnehmer haben Sie dort eher die Chance, verschiedene Betätigungsfelder intensiver kennen zu lernen.

Eine gute, informative Stellenanzeige enthält folgende Angaben:

- Firmenprofil (Angaben über Unternehmen, Branche, Größe, Mitarbeiteranzahl, Produkte und Dienstleistungen, Betriebsklima, Führungsstil, Marktposition etc.),
- exakte Berufsbezeichnung,
- Stellen- und Bewerberprofil (Angaben über Aufgabenbereich, Stellung in der Organisationsstruktur, Kompetenz, Entwicklungschancen, Anforderungen fachlicher und persönlicher Art an den gesuchten Mitarbeiter wie Ausbildung, Berufserfahrung, Alter),
- Angaben über Bezahlung, besondere betriebliche Leistungen,
- Angaben über den Bewerbungsweg, über telefonische Vorabinformationen, Ansprechpartner etc.

Aussagen und eigene Wünsche gegenüberstellen

Notieren Sie die im Anzeigentext enthaltenen Aussagen und vergleichen Sie diese Notizen mit Ihren eigenen Erwartungen, Wünschen, Kenntnissen und Fähigkeiten. Prüfen Sie, ob die Stelle für Sie überhaupt interessant ist und ob Sie aus dem Firmenprofil, dem Stellen- und Bewerberprofil genügend Argumente für Ihre Bewerbung ableiten können. Anschließend verwerten Sie diese Informationen für Ihre Bewerbung. Wie Sie das tun können, erfahren Sie weiter unten auf Seite 147.

Noch eine Bemerkung zum Thema „Chiffreanzeigen“: Manchmal ist das anonyme Stellenangebot aus betrieblicher Sicht notwendig. Ein Unternehmen möchte damit beispielsweise ausschließen, dass die Mitbewerber Einblick in die eigene Mitarbeiterstruktur gewinnen. Bei Anzeigen, die über eine Personalberatung geschaltet werden, kann der Auftraggeber Sperrvermerke für Bewerber bestimmter Firmen festlegen, um diesen Einblick zu verhindern. Eine seriöse Chiffreanzeige ist daran erkennbar, dass sie aussagefähige Informationen enthält. Eine Bewerbung auf eine solche Anzeige kann sehr lohnend sein. Mögliche Mitbewerber schrecken vor einer Bewerbung zurück, weil sie befürchten, dass sich der eigene Arbeitgeber hinter der Chiffre verbirgt.

Der zweite Schritt: Der optimale Lebenslauf

Zu einer Bewerbungsmappe gehören ein Anschreiben, Ihr Lebenslauf und die wichtigen Zeugnisse. Alle Unterlagen, die Sie einer Bewerbungsmappe beilegen, haben den Zweck, die Angaben und Daten Ihres Lebenslaufs exakt zu belegen. Zeugnisse können darüber hinaus noch über Ihre Leistungsfähigkeit informieren.

So banal es klingt: Nur das, was Sie in Ihren Lebenslauf aufgenommen haben, kann auch gelesen werden! Alles, was Sie nicht mitteilen, kann der Leser nicht erfahren. Aus dieser Erkenntnis lassen sich Regeln für einen informativen Lebenslauf ableiten:

- Die Angaben muss wahr sein.
- Sie müssen vollständig sein.
- Man muss den Lebenslauf schnell überfliegen und leicht lesen können.

Schreiben Sie für den Leser

Wer schon bei der Gestaltung des Lebenslaufs den Informationsbedarf und zugleich die knappe Zeit des Empfängers richtig einschätzt, sammelt sicherlich Pluspunkte. Nichts langweilt beim Lesen vieler Lebensläufe mehr, als bis ins kleinste Detail aufgeführte Stationen, die für den Bewerber zwar große Bedeutung haben, in den Lebenslauf jedoch nicht hineingehören. Es ist beispielsweise unwichtig, wie viele Geschwister die Mutter hat oder ob sie vor 40 Jahren aus dem Osten kam.

Mit dem Lebenslauf stellen Sie sich und Ihre Kompetenzen vor. Der Lebenslauf soll den ersten schnellen Überblick über Ihre fachliche Entwicklung ermöglichen. In ihm kristallisieren sich die eigenen persönlichen und beruflichen Erfahrungen zu nüchternen Lebens- und Berufsstationen. Für Berufsanfänger ist dies mit besonderen Schwierigkeiten verbunden. Bedingt durch ihre geringe oder fehlende Berufserfahrung sollten sie die Schwerpunkte auf die

Ausbildungswege und deren fachliche Inhalte legen. Aber auch für Bewerber mit Berufserfahrungen gilt, dass es nicht genügt, erreichte Positionen in Unternehmen darzustellen. Es ist wenig informativ, wenn Sie schreiben: Kaufmännischer Angestellter, Fa. XXX in Frankfurt. Verfügen Sie über Erfahrungen im Ein- und Verkauf? Haben Sie vielleicht Kunden beraten oder den ganzen Tag „nur" Kaffee gekocht und die Ablage bearbeitet? Auch hier gilt die alte Marketingregel „Tue Gutes und rede davon" – oder mit anderen Worten: Stellen Sie Ihre hochwertige Tätigkeiten in Kurzform dar. Einige Beispiele:

- Verantwortlich für die Auftragsabwicklung,
- Verwaltung und Abrechnung des Fuhrparks,
- Organisation und Verwaltung der Betriebskantine.

Kürze und Übersichtlichkeit zählt

Ermöglichen Sie dem Leser, möglichst viel über Ihre fachlichen Tätigkeiten zu erfahren, aber bitte beherzigen Sie auch hier den Grundsatz „in der Kürze liegt die Würze". Grundsätzlich nennen Sie für jede Positionen innerhalb der letzten zehn Jahre höchstens bis zu drei Schwerpunkte.

Manche Kandidaten sind unsicher, was sie im Lebenslauf erwähnen sollen und was nicht. Denn erhält man eine Absage, wird man sich nach den Gründen fragen. Vielleicht, weil man erwähnt hat, dass man seiner Frau in den letzten zwei Jahren den Haushalt geführt hat? Oder war es der Hinweis auf den Hausbau? Oder ist man aus dem Auswahlverfahren ausgeschieden, weil man fünf Jahre seines Lebens in Indien verbracht hat? Vielleicht klingt es auch negativ, dass man zunächst das „Falsche" studiert hat, um dann einen anderen Studienabschluss zu erreichen? Oder wird das abgebrochene Studium negativ bewertet? Spekulationen dieser Art verunsichern.

Lückenloser Lebenslauf

Es ist zunächst wichtig, dass der Lebenslauf keine Lücken aufweist, denn damit ist jeder Bewerber nicht lange im Rennen. Ebenso wichtig ist die Erwartung, die das jeweilige Unternehmen an einen Lebenslauf knüpft. Einige Firmen erwarten „geradlinige" Lebensläufe: das angestrebte Ausbildungsziel wurde in kürzester Zeit und so gut wie möglich erreicht. Andere wiederum erwarten von ihrem neuen Mitarbeiter Berufserfahrung, die er bei verschiedenen

Arbeitgebern erworben hat. Für Sie als Bewerber folgt daraus, dass Ihr ungewöhnlicher Lebenslauf dann passen wird, wenn Sie ihn dem richtigen Unternehmen zur Beurteilung vorlegen.

Systematische Gliederung

Zur besseren Übersicht teilen Sie den – nicht unbedingt chronologischen – Lebenslauf in mehrere Abschnitte ein: persönliche Daten, Ausbildungswerdegang, Berufserfahrung und zusätzliche Kenntnisse und Hobbys. Je länger der Abschnitt Berufserfahrung ist, desto kleiner sollte der Abschnitt zum Ausbildungswerdegang angelegt werden und umgekehrt. Denn fachliche Kompetenz wird in der Regel in der Praxis erworben und verfeinert; Ausbildungen liefern den Grundstock bzw. die Eintrittskarte für bestimmte Aufgaben. Im Abschnitt über zusätzliche Kenntnisse und Hobbys haben Sie die Möglichkeit, besondere Fähigkeiten hervorzuheben, wie zum Beispiel Sprach- und Computerkenntnisse. Seien Sie auch hier sorgfältig! Durch seine Hobbys erfährt man in der Regel mehr über einen Menschen als aus der Beschreibung der fachlichen Entwicklung. Sie zeichnen ein deutliches (Charakter-)Bild des Bewerbers und können letztendlich sogar ausschlaggebend für die Stellenbesetzung sein.

Der dritte Schritt: Werbung in eigener Sache

Das Bewerbungsanschreiben

Ziel Ihres Anschreibens und Ihrer Unterlagen ist, zu einem Vorstellungsgespräch eingeladen zu werden. Während der Lebenslauf vorwiegend über Ihr fachliches Profil Auskunft gibt, dient das Anschreiben vorrangig dazu, Ihre persönlichen und sozialen Kompetenzen in den Vordergrund zu stellen. Daher genügt es nicht, lediglich Ihren Lebenslauf zu wiederholen, denn den kennt der Leser bereits.

Überlegen Sie genau, was Sie schreiben!

Wenn Sie sich gründlich Gedanken zur Aufgabe und zum Unternehmen machen, aber auch Ihre eigenen Wünsche äußern, kann sich der Leser ein deutliches Bild von Ihnen machen. Gehen Sie auf die Wünsche des Arbeitgebers ein. Stellen Sie den Bezug seiner Wünsche zu Ihrem Profil her und untermauern Sie dies mit Stationen Ihres Werdegangs. Betonen Sie Ihre sozialen Kompetenzen, denn auch an den noch so qualifizierten Fachmann werden heute hohe soziale Anforderungen wie beispielsweise Kommunikations- und Teamfähigkeit gestellt.

Keine Serienbriefe!

Dies ist, zugegebenermaßen, sehr aufwendig. Wenn sich Bewerber hier keine Mühe geben, fällt das Ergebnis dementsprechend aus: Diese Bewerbungen ähneln Serienbriefen, in denen lediglich der Name des Arbeitgebers ausgetauscht wird. Das Anschreiben stellt keinen Bezug zum Unternehmen her, es geht nicht auf die speziellen Anforderungen der Position ein und gibt dem potenziellen Arbeitgeber nicht die Informationen, die er für seine Entscheidung braucht. Solche Schreiben landen im Stapel Absagen, denn sie erwecken beim Adressaten den Eindruck, der Bewerber sei nicht genügend am Unternehmen selbst interessiert und habe sich keine Mühe gegeben.

Ihr Anschreiben muss daher mindestens drei Ansprüche erfüllen:

- Das Anschreiben muss die Aufmerksamkeit für Ihre Bewerbung wecken. Nur, wenn dem Personalverantwortlichen Ihre Unterlagen im Stapel der Bewerbungen auffallen, wird er sich auch damit beschäftigen.
- Das Anschreiben muss den Grund nennen, warum gerade Sie eine Zusage bekommen sollten. Nur wer dem potenziellen Arbeitgeber klipp und klar darlegt, warum er die beste Besetzung für die Stelle ist, erhält die Zusage.
- Das Anschreiben muss neugierig machen, Sie näher kennen zu lernen. Nur wenn es Ihnen gelingt, Interesse an einem persönlichen Gespräch zu wecken, haben Sie sich einen Platz unter den Favoriten gesichert.

Bevor Sie mit dem Schreiben beginnen …

Fünf Fragen beantworten

Wenn Sie bereits nach der Anrede nicht mehr weiter wissen, sollten Sie vielleicht grundlegender beginnen und sich über Ihr Bewerbungsschreiben Gedanken machen. Stellen Sie sich die folgenden fünf Fragen. Sie werden Ihnen bei der Gliederung helfen und das Schreiben fällt Ihnen anschließend viel leichter.

1. Was braucht der potenzielle Arbeitgeber? Welche Fähigkeiten, welches Wissen und welche Erfahrungen erfordert die Stelle?
2. Welche Ziele verfolgen Sie? Wollen Sie ein bestimmtes Aufgabengebiet selbstständig übernehmen?
3. Nennen Sie drei bis fünf persönliche Qualifikationen und Fähigkeiten, die Sie für die Stelle als besonders geeignet ausweisen. Wenn Sie sich auf eine Stellenanzeige bewerben, sollten diese Qualifikationen und Fähigkeiten den dort genannten Anforderungen entsprechen. Falls Sie sich blind bewerben, sollten Sie überlegen, was Sie mitbringen und wo Sie dies einsetzen könnten.
4. Welche besonderen Erfahrungen können Sie für die Stelle einbringen? Werden die Qualifikationen, die Sie unter Punkt 3 angeführt haben, in Zeugnissen oder Referenzen positiv hervorgehoben?

5. Warum wollen Sie für genau dieses Unternehmen oder diesen Arbeitgeber arbeiten? Welche Informationen haben Sie über das Unternehmen? Was wissen Sie über seine Produkte bzw. Dienstleistungen, die Philosophie, die Vision, die Unternehmenskultur, die Ziele und Wünsche und wie passen Ihr beruflicher Werdegang, Ihre Qualifikationen und Ziele dazu?

Erst, wenn Sie diese fünf Punkte geklärt haben, können Sie Ihr Anschreiben in Ruhe verfassen.

Der Aufbau des Anschreibens

Ein Anschreiben besteht in der Regel aus vier Teilen.

Die Einleitung

In der Einleitung nehmen Sie Bezug auf die ausgeschriebene Stelle: „Sie suchen einen engagierten Mitarbeiter, der Sie im Organisationsbereich unterstützt." Formulieren Sie aktiv und lassen Sie Selbstverständlichkeiten wie „Hiermit bewerbe ich mich um die Stelle als …" weg.

Die Aussage „Wen bekommen Sie mit mir?" sollte im Vordergrund stehen. Sie erwähnen, welches Aufgabengebiet Sie selbstständig übernehmen wollen bzw. welches Berufsziel Sie verfolgen. Bei einer Initiativbewerbung (ohne Ausschreibung) können Sie auch so beginnen: „Ich habe in der Frankfurter Rundschau von Ihren Expansionsplänen in Norddeutschland gelesen und würde gerne mehr über Einstiegsmöglichkeiten in Ihr Unternehmen erfahren."

Eigenmarketing

In diesem Teil sollten Sie Ihr Anliegen auf den Punkt bringen. Legen Sie Ihre Gründe in einem fortlaufenden Text dar oder listen Sie auf, warum Sie davon überzeugt sind, der ideale Bewerber zu sein. Geben Sie dem Leser einen Grund, Sie kennen lernen zu wollen. Am besten beginnen Sie mit einem Satz, der dem Leser einen Überblick über Ihre Qualifikationen verschafft. „Mit mir gewinnen Sie einen engagierten Mitarbeiter, der über fundierte Berufserfahrungen im Bereich … verfügt." Anschließend gehen Sie ins Detail und nennen einige Beispiele.

Ein sinnvoller Einleitungssatz für Berufsanfänger könnte lauten: „Als Student habe ich immer wieder in der Theorie erworbenes Wissen im Bereich … praxisnah überprüft und dabei folgende Qualifikationen und Fähigkeiten weiterentwickelt.“

Den Bezug herstellen

Hier sollten Sie erklären, warum Sie sich gerade bei diesem Unternehmen bewerben. Sie sollten dem Leser etwas Positives über das Unternehmen sagen und darlegen, warum Sie dort gerne arbeiten wollen. Sie können auf den Ruf des Unternehmens, den Umsatz, die Größe, die Unternehmenskultur, die Managementphilosophie oder darauf eingehen, wie das Unternehmen in die Öffentlichkeit tritt. Potenzielle Arbeitgeber begrüßen es, wenn sich Bewerber bewusst für ein Unternehmen entscheiden und nicht einen Stapel Standardbewerbungen verschicken. (Auch wenn Sie Initiativbewerbungen senden, sollten Sie jeden Brief individuell auf das Unternehmen zuschneiden und dem Leser zeigen, dass Sie sich intensiv damit auseinandergesetzt haben).

Abschluss

Manche Bewerber halten den Schluss des Briefes für nicht besonders wichtig. Es geht jedoch um mehr. Im letzten Teil bedanken Sie sich beim Leser für seine Aufmerksamkeit und dafür, dass er sich die Zeit für Ihren Brief genommen hat. Sie sollten zudem überlegen, wie Sie mit dem Unternehmen in Kontakt bleiben können. Formulieren Sie, dass Sie sich auf einen Vorstellungstermin freuen. Wichtig ist, dass der Schluss bestimmt und zugleich höflich ist und Sie Ihre Initiative zur Kontaktaufnahme zeigen.

Wenn Sie diese vier Abschnitte des Briefes fertig gestellt haben, gehen Sie den Brief noch einmal sorgfältig durch. Feilen Sie an Ihrem Stil und verbessern Sie Tipp-, Rechtschreib- und Grammatikfehler. Dann können Sie „Mit freundlichen Grüßen“ unter den Brief setzen und unterschreiben.

GRUNDREGELN FÜR EIN GELUNGENES BEWERBUNGSSCHREIBEN

- Passen Sie Ihren Brief dem Leser und der Branche an.
- Gehen Sie stärker auf Wünsche und Erwartungen des potenziellen Arbeitgebers als auf Ihre eigenen ein.
- Nennen Sie Ihre beruflichen Ziele. Selbst wenn Sie jeden Job annehmen würden, behalten Sie das für sich.
- Sagen Sie grundsätzlich nichts Negatives über Ihre derzeitige Stelle und Ihr Privatleben.
- Fassen Sie sich kurz und beschränken Sie sich auf das Wesentliche.
- Machen Sie keine Versprechungen, die Sie nicht halten können oder wollen.
- Schreiben Sie nicht mehr als eine Seite, es sei denn, der potenzielle Arbeitgeber verlangt ausdrücklich ein detailliertes und ausführliches Bewerbungsschreiben.
- Prüfen Sie mehrmals, ob in Ihrem Brief noch Tippfehler oder andere Fehler stecken.
- Bitten Sie um die Meinung von Dritten, bevor Sie den Brief verschicken. Idealerweise sollte das jemand sein, der Sie nicht so gut kennt. Er sollte Ihnen beschreiben, was er anhand des Textes für einen Eindruck von Ihrer Person bekommt
- Kopieren Sie alle Schreiben, bevor Sie sie verschicken, faxen oder mailen, und machen Sie sich eine Notiz, dass sie verschickt sind. Auf diese Weise behalten Sie den Überblick.

Eigenmarketing im Vorstellungsgespräch vorstellen

Der erste Schritt zu einer optimalen Karriereplanung ist getan. Sie hätten gerne eine Einladung zum Vorstellungsgespräch, bei dem Sie Ihr Eigenmarketingkonzept vorstellen. Dem Ziel, eine interessante Aufgabe angeboten zu bekommen, sind Sie schon ganz nah. Nun kommen Ihre Fähigkeiten, eine optimale Verhandlung zu führen, zum Zuge.

Bewerbung verschickt – und dann?

Sind die Unterlagen abgeschickt, beginnt das bange Warten; dies ist besonders quälend, wenn Sie sich um einen Job beworben haben, den Sie gerne hätten. Zeigen Sie Ihr Interesse an der Position ruhig noch einmal und fragen Sie etwa zwei Wochen später nach dem Stand des Bewerbungsverfahrens.

Glück gehört immer dazu

Es gibt mittlerweile eine Vielzahl von Auswahlverfahren, die genutzt werden, um die „Spreu vom Weizen zu trennen". Dennoch spielt noch immer die Intuition eine große Rolle; deshalb gehört stets etwas Glück dazu, um in die engere Auswahl zu gelangen. Wurde Ihre Bewerbung kaum eines Blickes gewürdigt, erhalten Sie die Unterlagen meistens recht bald mit einer Standardabsage zurück. Gehörten Sie zur zweiten Wahl, wird das in einem persönlicheren Schreiben zum Ausdruck gebracht, oft verbunden mit der Empfehlung, sich zu einem späteren Zeitpunkt noch einmal zu bewerben. Manchmal bietet der Arbeitgeber auch eine andere Position im Betrieb an. Drei bis acht Kandidaten werden in der Regel in das engere Auswahlverfahren einbezogen und eingeladen.

Angesichts der aktuellen Relation von Stellensuchenden zu Stellenangeboten muss man in der Regel viele Bewerbungen verschicken, bis man zu einem persönlichen Gespräch eingeladen wird. Wer bei mehreren Bewerbungen Absagen auf hinsichtlich Qualifikation und beruflichen Werdegang passende Angebote erhält, sollte seine Unterlagen und das Anschreiben noch einmal gründlich überarbeiten. Sind darin Widersprüche enthalten, Details, die möglicherweise abschrecken? Werden Qualifikationen und Fähigkeiten nicht richtig dargestellt und belegt? Es empfiehlt sich, Freunde und Bekannte, die bereits Erfolge mit ihren Bewerbungsschreiben hatten, einzubeziehen und um gezielte Hinweise für Verbesserungen zu bitten.

Überarbeitung der Unterlagen

Das Bewerbungsgespräch

Vorbereitung auf das Vorstellungsgespräch

Der Kenntnisstand über das Unternehmen

In der Regel haben Sie bis zum Gesprächstermin nicht viel Zeit. Sollten Sie bei Ihrer schriftlichen Bewerbung nicht genug Informationsmaterial über das Unternehmen gesammelt haben, können Sie das noch nachholen:

- Unternehmensbroschüren (PR-Abteilung),
- Werbung, Kataloge, Prospekte,
- Betriebszeitung, Jubiläumsschriften,
- Informationen der Industrie- und Handelskammer,
- Kontakt mit Gewerkschaften,
- Auskunft des Handelsregisters,
- Auswertung der Wirtschaftsteile der Zeitungen,
- Recherche im Internet.

Wenn Sie keine Informationen über das Unternehmen finden konnten, sollten Sie Ihr Branchenwissen auffrischen. Entsprechende Trends und das dazu gehörige Umfeld sollten Sie kennen.

Die Erarbeitung der Selbstdarstellung

Um den Gesprächspartner von Ihrer Persönlichkeit, Ihren Erfahrungen und Kenntnissen zu überzeugen, bedarf es penibler Vorbereitung. Es kommt darauf an, im Vorstellungsgespräch Ihre Qualifikationen sachlich, klar und überzeugend darzustellen. Bedenken Sie dabei, dass Sie sämtliche Daten Ihres Lebenslaufs im Kopf haben müssen, denn die Gespräche beginnen oft mit der Aufforderung „Erzählen Sie uns doch mal etwas über sich". Hier ist die persönliche Wertung und Gewichtung verschiedener Stationen in Ihrer Lebensgeschichte von großer Bedeutung. Daher ist es sinnvoll, die Selbstdarstellung als Kurzvortrag von fünf bis acht Minuten Dauer vorher zu planen und vor einer Videokamera oder vor anderen Personen zu üben.

Die Beschäftigung mit den zu erwartenden Fragen

Sie müssen sich auf viele Fragen gefasst machen, die Ihnen im Vorstellungsgespräch gestellt werden. Als sehr hilfreiche Vorbereitung können Sie sich in die Person des Personalleiters versetzen. Sie sind nun also „er" und Ihnen liegt der Lebenslauf vor. Welche Fragen würden Sie dem Bewerber stellen? Analysieren Sie anschließend Ihre Antworten und überlegen Sie sich, mit welchen Fragen Ihr Gesprächspartner nachhaken könnte.

Ihr Erscheinungsbild

Der erste Eindruck zählt! Viele Menschen beurteilen einen anderen zuerst nach seinem äußeren Erscheinungsbild, bevor sie auch nur ein Wort mit ihm gewechselt haben. Dieses Bild und wie es eingeordnet wird, beeinflussen den weiteren Verlauf. Oft ist es schwer, den ersten Eindruck im Laufe der Zeit zu revidieren: „Es gibt keine zweite Chance für den ersten Eindruck" heißt es.

Bezogen auf das Vorstellungsgespräch bedeutet das: Machen Sie sich lieber ein paar zusätzliche Gedanken über Ihre Kleidung und Ihr Erscheinungsbild als auf die positive Wirkung des ersten Eindrucks zu verzichten.

Grundsatz für die Kleiderordnung: Ziehen Sie sich so an wie für Ihren zukünftigen Arbeitsplatz – Arbeitnehmer mit unverkennbarer Arbeitskleidung, zum Beispiel Handwerker, ausgenommen. Wählen Sie die Kleidung, die in Ihrem Berufszweig von Ihnen erwartet wird. Seien Sie dezent gekleidet und achten Sie darauf, dass Sie sich in Ihrem Outfit wohl fühlen. Lieblingskleidungsstücke werden Ihre Selbstsicherheit im Gespräch stärken.

Zur Auswahl von Schmuck, Make-up und der Benutzung von Parfüm und Deodorant gilt generell: Weniger ist mehr. Bevor Sie zu Ihren Schuhen greifen, verleihen Sie ihnen ein „glänzendes" Aussehen.

Die Bewerbungsaccessoires

Folgendes können Sie zum Vorstellungsgespräch mitnehmen:

- Tasche/Aktenkoffer,
- Kopien Ihrer Bewerbungsunterlagen, auch die Anzeige,
- Zeitplaner und Schreibzeug,
- Einladungsschreiben,
- gegebenenfalls den ausgefüllten Personalfragebogen,
- die Unterlagen, mit denen Sie sich vorbereitet haben.

Gesprächssituation

Ob Ihnen der Personalverantwortliche einen guten Job „verkaufen" will, weil er Sie für einen kompetenten Kandidaten hält, oder ob Sie sich als neuer Mitarbeiter optimal präsentieren wollen: Erfolgreiche Verhandlungsführung bildet immer die Grundlage. Beide Verhandlungsführer werden bei der Gestaltung eines Bewerbungs- und/oder Gehaltsgesprächs Strategien einsetzen, um viele Informationen sammeln und die besten Bedingungen aushandeln zu können. Auch Ihr Verhandlungspartner steht unter Erfolgsdruck. Der Bewerber möchte einen interessanten Job, der Personalleiter einen neuen Mitarbeiter, der zum Unternehmenserfolg beiträgt und sich nicht als Fehlbesetzung entlarvt.

Strategisch verhandeln

Wenn Sie zu einem Vorstellungsgespräch eingeladen werden, haben Sie die schwierigste Hürde schon genommen. Ihr potenzieller Arbeitgeber ist von Ihrer fachlichen Qualifikation überzeugt und möchte Sie nun auch persönlich kennen lernen.

Korrekt verhalten

Zeigen Sie auch im Vorzimmer korrektes Verhalten, denn Sie werden von der Sekretärin möglicherweise aufmerksam beobachtet. Für manchen Chef ist das Urteil seiner Sekretärin sehr wertvoll. Er fragt nach dem Gespräch nach ihrem Eindruck vom Bewerber.

Der Verlauf eines Bewerbungsgesprächs ist häufig wie folgt strukturiert:

- Einleitungsphase,
- Selbstvorstellung von Interviewer und Bewerber,
- Lebenslaufanalyse sowie Fragen zur Biografie,
- Vorstellung des Unternehmens,
- Informationen über Tätigkeit und Aufgabengebiet,
- Gesprächsabschluss mit Vertragsverhandlung.

Gehen Sie ruhig und mit Selbstvertrauen in das Gespräch. Blicken Sie Ihrem jeweiligen Gesprächspartner in die Augen. Sollten Sie mehrere Gesprächspartner haben, achten Sie darauf, dass Sie jedem die gleiche Aufmerksamkeit entgegenbringen. Seien Sie während des Gesprächs selbstsicher und bleiben Sie stets sachlich. Seien Sie ganz Sie selbst. Offenheit, Echtheit und Glaubwürdigkeit zahlen sich im Vorstellungsgespräch aus. Gelingt es Ihnen, eine positive Beziehung zu Ihrem Gesprächspartner aufzubauen, können Sie am leichtesten Einfluss nehmen. Ertappt man Sie jedoch bei einer Lüge, ist das Gespräch vorbei. Statt zu monologisieren fassen Sie sich besser kurz und achten Sie darauf, dass der Redeanteil auf beiden Seiten ausgeglichen ist.

Sprechen Sie Ihren Gesprächspartner während des Gespräches wiederholt mit seinem Namen an. Denn jeder hört seinen Namen gern. Drücken Sie sich klar und verständlich aus. Bewerber, die sich undeutlich ausdrücken und offensichtlich nicht wissen, was sie wollen, wecken wenig Interesse.

Keine Lügen oder Halbwahrheiten

Beantworten Sie alle Fragen wahrheitsgemäß. Gute Personalchefs stellen oft Fang- oder verdeckte Kontrollfragen, um Unwahrheiten aufzudecken. Wenn man Sie bei einer Lüge ertappt, ist das Gespräch vorbei. Antworten Sie kurz und knapp, auch wenn Sie die Antworten schon früher gegeben haben, und sagen Sie nie „Das habe ich doch schon gesagt!“ oder „Das steht doch in meinen Unterlagen!“. Mit solchen Rückfragen möchte man Ihre Geduld und Ausdauer testen.

In einem Vorstellungsgespräch sollten Sie möglichst keine Werturteile äußern. Falls das unumgänglich ist, prüfen Sie zunächst die Bedingungen, unter denen solche Urteile gerechtfertigt erscheinen. Umschreiben Sie Ihre Urteile abwägend mit „einerseits … andererseits …“. Äußern Sie sich keinesfalls negativ über frühere Chefs und ehemalige Kollegen. Wenn Sie im Inneren immer noch Groll gegen jemanden hegen, arbeiten Sie vorher daran, ihn loszuwerden. An Ihrer Einstellung gegenüber der alten Firma oder früheren Vorgesetzten wird man ablesen, wie Sie sich gegenüber der neuen Firma verhalten werden.

Loyalität zahlt sich aus

Seien Sie absolut loyal. Stellt man Ihnen taktlose oder sogar unverschämte Fragen, könnten Sie sich mit einer solchen Antwort dagegen verwehren: „Warum ist das eine Voraussetzung dafür, um diese Stelle zu bekommen?“ Sagen Sie nie „Ich habe keine Fragen mehr“ oder „Ich habe jetzt so viel gehört und muss erst mal über den Inhalt nachdenken“. Damit dokumentieren Sie sowohl mangelndes Interesse an der angebotenen Stelle als auch geringe Belastbarkeit. Damit Sie nichts vergessen, sollten Sie Ihre Fragen vorher aufschreiben.

Bereiten Sie sich ebenso gut auf Fragen vor, die Sie von Ihrem Gegenüber beantwortet wissen möchten. Schließlich müssen Sie herausfinden, ob die Stelle die richtige für Sie ist. Sie sollten prüfen, ob das Unternehmen, der Vorgesetzte, die neuen Kollegen und natürlich auch das Aufgabengebiet Ihren Wünschen und Erwartungen entsprechen. Klären Sie Ihre beruflichen Entwicklungs- bzw. Aufstiegsmöglichkeiten. Ob Sie mit Auslandsaufenthalten zu rechnen haben oder ob das Unternehmen in naher Zukunft tief greifende Umstrukturierungsprozesse plant, sollten weitere Gesprächsinhalte sein.

Bereiten Sie Ihre Fragen vor

Wenn Sie am Ende des Gesprächs nach Ihrer Gehaltsvorstellung gefragt werden, nennen Sie den Betrag mit überzeugter, fester Stimme, ohne Einschränkung, Relativierung oder Rechtfertigung. Sie gehen von Ihrem letzten Einkommen inklusive allen Zusatzleistungen wie geldwerte Vorteile (zum Beispiel Firmenwagen, Altersversorgungen, Unternehmensbeteiligungen usw.) aus. Zu diesem Betrag addieren Sie zwischen fünf und 20 Prozent Aufschlag, sofern dies branchenüblich ist. Auf Wunsch erläutern und begründen Sie Ihre Gehaltsvorstellung.

Angenehme Gesprächsatmosphäre

Ein positiv verlaufendes Vorstellungsgespräch erinnert an andere angenehme Gesprächssituationen. Es schafft und hinterlässt bei allen Teilnehmern eine positive Stimmung. Diese spürt man bei einer freundlichen und gelösten Verabschiedung. Bedanken Sie sich am Ende für das Gespräch und fragen Sie, wann mit einer Entscheidung zu rechnen ist.

Gedächtnisprotokoll

Nach dem Gespräch schreiben Sie ein Gedächtnisprotokoll mit Notizen zu den Fragen und Ihren Antworten. In manchen Unternehmen hat man mehrere Bewerbungsgespräche und es wäre unvorteilhaft, wenn Sie die Inhalte der vorangegangenen Gespräche vergessen hätten.

Außerdem sollten Sie sich folgende Fragen stellen:

- Was habe ich gut gemacht?
- Was kann ich nächstes Mal besser oder anders machen?
- Welchen Eindruck hatte ich von meinem Gegenüber?

Bedenken Sie, welche Vor- und Nachteile mit dem Stellenantritt verbunden wären. Falls Sie eine Absage erhalten, fragen Sie ruhig nach, woran es gelegen hat, dass man sich nicht für Sie entschieden hat. Oft ergeben sich daraus nützliche Hinweise darauf, was Sie beim nächsten Mal anders machen können.

Typische Fragen im Vorstellungsgespräch

Fragen zur persönlichen und familiären Situation

„Sind Sie verheiratet? Haben Sie Kinder? Wie alt sind Ihre Kinder?" Diese Fragen werden weniger gestellt, um Fakten zu erfahren. Aus Ihrer Antwort kann man unterschiedliche Schlüsse ziehen: Der Fragesteller will wissen, wie mobil Sie sind. Vielleicht hat der Arbeitgeber die Erfahrung gemacht, dass Bewerber, die für eine Familie sorgen müssen, oft zuverlässiger sind als unabhängige Singles.

„Ist Ihr/e Mann/Frau berufstätig?" Diese Frage ist vor allem relevant, wenn Sie und Ihr Lebenspartner auf vergleichbaren bzw. ähnlichen Positionen in der gleichen Branche arbeiten und miteinander vertrauliche Informationen austauschen könnten.

„Haben Sie chronische Krankheiten? Sind Sie längere Zeit krank gewesen?" Die Beantwortung dieser Frage ist abhängig von der Art der Arbeitsstelle. Für einen Bäckereibetrieb macht es einen wesentlichen Unterschied, ob sich ein Bewerber mit Mehlstauballergie für die Backstube oder die Verwaltung interessiert.

„Was machen Sie in Ihrer Freizeit? Haben Sie Hobbys?" Wie bei fast allen Fragen zur privaten und familiären Situation, steht auch hier das Interesse der Firma/des Betriebs an der Leistungsfähigkeit des Bewerbers im Mittelpunkt. Bei den Fragen nach Freizeit und Hobbys gewinnt Ihr Gegenüber einen Eindruck davon, ob

- Ihre Freizeitgestaltung mit Verletzungsrisiken verbunden ist und bei Verletzungen mit Ausfallzeiten zu rechnen ist,
- Sie einen begrüßenswerten Ausgleich zum Beruf haben,
- Sie sich fit halten und in Ihrer Freizeit soziale Kontakte pflegen.

Unterschätzen Sie diese Fragen nicht! Da der Mensch in seinen Hobbys in der Regel keine Kompromisse eingeht, erhält der Arbeitgeber hier ein gutes Bild von Ihrer Person. Üben Sie etwa ein Vorstandsamt aus, dann zeigt das, dass Sie sozial engagiert sind und eventuell Führungsfähigkeiten besitzen.

Fragen zum Berufs- und Ausbildungsweg

„Weshalb wählten Sie diesen Beruf/Ausbildungsweg?“ Hier sollten Sie erzählen, wo und wann Sie ein bestimmtes Interessengebiet entdeckt haben. Zum Beispiel „In der Schule entdeckte ich meinen Spaß im Umgang mit Zahlen. Daraufhin entschloss ich mich zu einer kaufmännischen Ausbildung.“

„Wie sind Sie mit Ihrem Chef und den Kollegen ausgekommen?“ Sprechen Sie nie negativ über Ihre ehemaligen Kollegen und Vorgesetzten. An Ihren Aussagen wird man Ihre Loyalität gegenüber dem alten und neuen Unternehmen messen.

„Arbeiten Sie lieber allein oder im Team?“ Da heute nahezu alle Arbeitsgebiete teamorientiert gestaltet sind, kann eine diplomatische Antwort wie „Ich arbeite gerne selbstständig, verliere aber auch das Team nicht aus den Augen“ die beste Antwort sein.

Fragen zur Selbsteinschätzung und Motivation

„Worin liegen Ihre besonderen Stärken? Wo haben Sie Ihre größte Schwäche?“ Mit diesen Fragen versucht man herauszufinden, ob Sie sich selbst realistisch einschätzen können und/oder ob Sie ein gesundes Selbstbewusstsein besitzen. Nennen Sie bei der Einschätzung keine allgemeinen Fähigkeiten wie „pünktlich und zuverlässig“, sondern suchen Sie sich solche aus, die zum Anforderungsprofil der Stelle passen. Bei Schwächen sollten Sie solche wie „Ungeduld“ oder „Manchmal schieße ich über das Ziel hinaus“ vermeiden, denn das kann man Ihnen als Bewerbungsratgebergerede auslegen. Drücken Sie Ihre Schwächen positiv aus.

„Nennen Sie Ihre größten Erfolge! Was war der größte Misserfolg?“ Bei der Frage nach Ihren Erfolgen möchte man herausfinden, ob und wie Sie Arbeitsziele erreichen und wie zielstrebig und engagiert Sie sind. Nennen Sie hier ihre größten Erfolge und scheuen Sie sich nicht, Misserfolge preiszugeben. Verknüpfen Sie diese natürlich mit der Aussage, dass Sie aus Ihren Fehlern lernen.

Fragen zum Unternehmen und zur Branche

„Was wissen Sie über unser Unternehmen? Warum haben Sie sich auf diese Stelle beworben? Weshalb möchten Sie gerade zu uns?“ Mit diesen Fragen möchte man von Ihnen erfahren, ob diese Bewerbung eine von vielen ist oder wie gut Sie sich auf das Aufgabengebiet und die Branche vorbereitet haben. Hoffentlich haben Sie vor dem Gespräch alle Informationsmöglichkeiten genutzt!

„Wie beurteilen Sie die Entwicklung unsrer Branche?" Diese Frage überprüft Ihre Kenntnisse innerhalb der Branche und gibt einen Eindruck davon, ob Sie mitreden und angemessen urteilen können. Begründen Sie Ihre Einschätzungen.

Fragen zu Ihrer persönlichen Planung

„Was möchten Sie in fünf Jahren tun? Wie stellen Sie sich Ihre berufliche Zukunft vor?" Einerseits möchte man einen Eindruck davon bekommen, ob Sie ein zielorientierter Mensch sind und welche Pläne Sie umsetzen möchten. Andererseits möchte man erfahren, wie lange Sie im Unternehmen bzw. auf dieser neuen Position bleiben wollen.

„Wie stellen Sie sich Ihre berufliche Zukunft vor?" Auch hier versucht man Ihre Zielstrebigkeit zu bewerten. So bewertet es ein Arbeitgeber beispielsweise positiv, wenn Sie sich hoch motiviert in das Aufgabengebiet einarbeiten möchten, um eventuell später einmal Personal- oder Projektverantwortung zu übernehmen.

„Worauf legen Sie Wert in Ihrem Beruf?" Ihre Antworten sollen zeigen, ob Sie eher ein Mensch sind, der gerne weiß, was er zu tun hat oder wie der nächste Tag ablaufen wird, oder ob Sie ein Mensch mit ausgeprägtem unternehmerischen Denken sind, der sich Aufgaben selbst sucht. Vielleicht legen Sie Wert auf Arbeitsinhalte oder auf das Ansehen des Unternehmens? Oder ist Ihnen ein gutes Betriebsklima wichtig? Oder denken Sie nur an Ihre eigene Karriere? Wenn Sie erwähnen, dass Sie an einer interessanten abwechslungsreichen Tätigkeit produktiv mitarbeiten möchten, sammeln Sie in der Regel Pluspunkte.

Abschlussfragen

„Können Sie noch einmal kurz darlegen, warum Sie die geeignete Person für uns sind?" An dieser Frage zeigt sich, wie aufmerksam Sie zugehört und das Gespräch verfolgt haben. Sie sollten Ihre Qualifikationen und das, was Sie tatsächlich und zwischen den Zeilen gehört haben, mit knapp formulierten Argumenten prägnant auf den Punkt bringen.

„Wie lange werden Sie brauchen, bis Sie richtig eingearbeitet sind?" Man möchte von Ihnen erfahren, welche Anforderungen Sie an diese Stelle haben und Ihre Selbsteinschätzung für das Aufgabengebiet bewerten. Nutzen Sie Ihren Erfahrungshintergrund.

„Welche Lohn- oder Gehaltsvorstellungen haben Sie?" Bereiten Sie sich gut auf die Frage vor, welches Gehalt Sie erwarten. Um Ihren Gehaltswunsch zu ermitteln, berücksichtigen Sie alle Bezüge Ihrer bisherigen Position einschließlich geldwerter Vorteile wie Dienstwagen, betriebliche Altersversorgung und Einnahmen aus Mitarbeiterbeteiligungen. Ihr Gehaltswunsch sollte fünf bis 20 Prozent über Ihrem letzten Gehalt liegen bzw. an den marktüblichen Gehältern orientiert sein. Nennen Sie den Betrag voller Überzeugung und ohne Einschränkung. Erläutern und begründen Sie Ihre Gehaltsvorstellung, wenn das gewünscht wird, aber rechtfertigen Sie sich nicht.

„Haben Sie noch Fragen?" Beenden Sie nie ein Vorstellungsgespräch mit der Begründung, keine Fragen mehr zu haben. Man wird Ihnen Desinteresse und mangelnde Belastbarkeit unterstellen. Wenn Ihnen tatsächlich keine Fragen mehr einfallen, können Sie sich beispielsweise das Unternehmen oder auch verschiedene Produktionsstätten zeigen lassen. Bei einem Rundgang fällt Ihnen dann sicherlich noch die eine oder andere Frage ein. Ansonsten können Sie abschließend auch Folgendes fragen „Wie geht es nach dem Gespräch weiter?" oder „Wann kann ich mit einer Entscheidung rechnen?"

Ihre Fragen in einem Vorstellungsgespräch

Zu einem gelungenen Vorstellungsgespräch gehört es nicht nur, Fragen überzeugend zu beantworten, sondern auch, wichtige Themenbereiche gezielt selbst anzusprechen. Es ist nicht nur wichtig, auf die unterschiedlichsten Fragen vorbereitet zu sein, sondern auch, sich gute Fragen zu überlegen.

Durch eigene Fragen finden Sie zum einen heraus, ob die angebotene Stelle die richtige für Sie ist, und zum anderen zeigen Sie durch Fragen zu einzelnen Geschäftsbereichen oder künftigen Entwicklungen des Unternehmens, dass Sie bestens informiert und interessiert sind.

Fragen Sie beispielsweise nach

- dem künftigen Arbeits- und Verantwortungsbereich,
- Aufstiegs- und Qualifizierungsmöglichkeiten,
- Kollegen und Vorgesetzten.

Diese Fragen könnten Sie stellen

Suchen Sie in der Liste einige allgemeine Fragen heraus, die Sie stellen möchten. Selbstverständlich finden Sie hier keine Fragen, die speziell auf Ihr Fachgebiet zugeschnitten sind.

- „Wie sieht mein Arbeits-/Aufgabengebiet aus?"
- „Wie viele Mitarbeiter hat das Unternehmen bzw. die Abteilung?"
- „Wie sehen die Zukunftspläne des Unternehmens aus?"
- „Wer ist mein direkter Vorgesetzter?"
- „Mit wem arbeite ich zusammen?"
- „Wer arbeitet mich ein und wo geschieht das?"
- „Wo ist mein Arbeitsplatz?"
- „Mit welchen Maschinen oder Geräten arbeite ich?"
- „Wie sieht meine Arbeitszeit aus?"
- „Wann ist der genaue Eintrittstermin?"
- „Welche Entwicklungsmöglichkeiten habe ich im Unternehmen?"
- „Kann die Firma bei der Wohnungssuche behilflich sein?"
- „Muss ich auch damit rechnen, in eine andere Filiale versetzt zu werden?"
- „Gibt es Betriebsferien?"
- „Fallen Überstunden an? So gut wie nie, gelegentlich, saisonal oder regelmäßig?"
- „In welchem Umfang kann ich mit Reisen rechnen?"
- „Handelt es sich um einen befristeten Arbeitsvertrag?"
- „Kann ich meinen zukünftigen Arbeitsplatz mal sehen?"
- „Wie geht es nach dem Gespräch weiter?"
- „Wann kann ich mit einer Entscheidung rechnen?"

Zeigen Sie Ihr Interesse

Durch Ihre Fragen im Vorstellungsgespräch muss deutlich werden, dass Sie sich vor allem für die inhaltlichen und fachlichen Aspekte des zukünftigen Arbeitsplatzes interessieren. Die vertraglichen Rahmenbedingungen gehören im Rahmen der Gehaltsverhandlung an den Schluss eines Gesprächs.

Welche Fragen gehören nicht in ein Vorstellungsgespräch?
Grundsätzlich fragen Sie nicht nach Ihren Vorteilen. Dazu gehören hauptsächlich Inhalte aus Gesetzen und Tarifvereinbarungen. Diese Informationen erhalten Sie bei Gewerkschaften, die über Tarifverträge und Gesetze Bescheid wissen. In der Schrift „Übersicht über das Arbeitsrecht“ (Bestelladresse: Bundesministerium für Arbeit und Sozialordnung, Referat Öffentlichkeitsarbeit, Postfach 500, 53105 Bonn) finden Sie alle aktuellen Regelungen in Kurzform; sie ist auch für Nichtjuristen verständlich geschrieben. Weitere Informationen erhalten Sie im Internet unter http://www.bma.de.

Fragen des Arbeitsrechts „privat“ klären

Fragen Sie nie nach Kündigungsfristen, denn der Arbeitgeber wird dann vermuten, dass Sie schon wieder an einen Stellenwechsel denken, bevor das Arbeitsverhältnis überhaupt begonnen hat. Vermeiden Sie Fragen nach der Dauer des Urlaubs, um nicht Erholungsbedarf zu signalisieren.

Gut sein allein reicht nicht – Eigenmarketing

Manche Menschen sitzen wie scheinbar festgeklebt auf ihrem Posten, rackern sich für das Unternehmen ab und werden bei der Neubesetzung interessanter Stellen mit schöner Regelmäßigkeit übergangen. Andere erklimmen – bei ähnlicher Qualifikation – im Rekordtempo die Karriereleiter. Mit Zufall oder Glück hat dies in den wenigsten Fällen zu tun. Geschickte Konzepte der Eigenvermarktung sind das Geheimnis des Erfolges.

Sich selbst gut „verkaufen"

Große Markenartikler wissen das: Ob ein Angebot zum Ladenhüter oder zum Bestseller wird, hängt nicht unbedingt von der Qualität eines Produktes ab. Entscheidend sind das Image und die Eigenschaften, die der Konsument mit einer Ware verbindet. Dass es auch im Berufsleben nicht allein auf Leistung ankommt, sondern dass man sie auch verkaufen muss, zeigen Untersuchungen in mehreren deutschen Unternehmen.

Führungskräfte und Personalverantwortliche wurden danach gefragt, warum jemand Karriere im Unternehmen macht. Drei Kriterien wurden deutlich: die Qualität der Leistung, das Image bzw. die Selbstdarstellung und der Bekanntheitsgrad der Person im Unternehmen. Bezeichnend war die prozentuale Verteilung dieser drei Faktoren: Auf die Leistung entfielen lediglich zehn Prozent, auf das Image 30 Prozent und auf den Bekanntheitsgrad satte 60 Prozent. „Marketing ist die Ausrichtung des Angebots an den Bedürfnissen der Abnehmer", so lernt es jeder Wirtschaftsstudent im ersten Semester. Dass dies auch für das Arbeitsleben gilt, wissen selbst Marketingfachleute und Manager oft nicht. Prüfen Sie Ihr persönliches Eigenmarketing!

Egal, ob Bewerbungsgespräch, Gehaltsverhandlung oder Berufsalltag – folgende Grundregeln sollten Sie bei der gezielten Öffentlichkeitsarbeit für Ihre eigene Person beachten.

- Machen Sie Leistung für andere sichtbar: Gut sein allein genügt nicht. Verlassen Sie sich nicht darauf, dass der Vorgesetzte, der Personalleiter den Wert Ihrer Arbeit von allein erkennt. Falsche Bescheidenheit ist ein Karrierehindernis: Erfolge, Fähigkeiten oder Ideen müssen sichtbar werden, um aufzufallen.

Leistungen zeigen

- Erstellen Sie Ihr persönliches Stärkenprofil: Nur wenn Sie Ihren eigenen Wert kennen, können Sie ihn auch nach außen vertreten. Stellen Sie Ihre Qualifikationen, Neigungen und Kenntnisse zusammen und analysieren Sie, was für Sie spricht. Wer gefördert sein will, muss seinen Nutzen deutlich machen.

Stärken erkennen

- Definieren Sie Ihre Ziele: Überlegen Sie, was Sie erreichen wollen und wo Sie gerne arbeiten möchten. Sie brauchen ein konkretes Ziel, um die einzelnen Schritte zu definieren, die Sie auf dem Weg dorthin gehen müssen. Ziehen Sie zwischendurch immer wieder Bilanz: Habe ich mein Ziel im Auge behalten? Was ist mir gelungen? Was kann ich besser machen?

Ziele

- Mut zur Lücke: Gerade in angespannten beruflichen Situationen ist es manchmal wichtig, Unvollständigkeiten auszuhalten und sich auf das Wesentliche zu konzentrieren. Übertriebener Perfektionismus verhindert Erfolgserlebnisse und schafft ständige Unzufriedenheit. Stecken Sie in Stresssituationen nicht den Kopf in den Sand, sondern suchen Sie mit Fantasie und psychologisch-diplomatischem Geschick nach ausbaufähigen Zwischenlösungen. So beweisen Sie, dass Sie Ihrem Job gewachsen sind.

Zwischenlösungen, wo notwendig

- Beobachten Sie die Konkurrenz: Kein größeres Unternehmen wagt sich heutzutage in einen neuen Markt, ohne die Konkurrenz ausgelotet zu haben. Dies gilt auch für das Berufsleben. Je nach vorliegenden Machtverhältnissen empfiehlt sich der Rückzug in die eigene Nische oder das Kräftemessen mit anderen.

Markt beobachten

- Isolieren Sie sich nicht: Sie brauchen Förderer und nützliche Beziehungen innerhalb und außerhalb des Unternehmens. Wichtig ist auch das Geschick, Kollegen und Vorgesetzte für die eigenen Ideen zu begeistern. Nur dann werden sie Ihnen helfen, Ihr Ziel zu erreichen. Kongresse, Vorträge oder Veranstaltungen sind günstige Gelegenheiten, um berufliche Kontaktnetze zu knüpfen. Aber Achtung: Solche Netze sind keine Freundeskreise, sondern strategische Allianzen.

Pflegen Sie Kontakte

Individuelles Profil

- Schaffen Sie Individualität: Markenartikler sind bestrebt, mit prägnanten und individuellen Auftritten ins Bewusstsein ihrer Kundschaft vorzudringen und dort präsent zu bleiben. Auch im Arbeitsleben sind unkonventionelle Ideen und prägnante Bewerbungsmappen geeignet, sich einen Aufmerksamkeitsvorsprung zu sichern. Dabei ist es wichtig, das richtige Maß zu finden und nicht zu übertreiben. Sich hinzustellen und zu rufen „Ich bin der Größte" ist damit nicht gemeint!

AIDA-Formel

- Orientieren Sie sich an der „AIDA-Formel": Für den Aufbau von Werbebotschaften haben Marketingexperten eine „Formel" gefunden: AIDA. Dies sollten Sie bei der PR in eigener Sache berücksichtigen:

A ttention – Aufmerksamkeit erzeugen,
I nterest – Interesse wecken,
D esire – Wunsch, etwas oder jemanden näher kennen zu lernen,
A ction – Aufforderung zum Kauf bzw. zur Einladung.

Das Gehaltsgespräch

„Der Schuster hat das schlechteste Paar Schuhe!" Diese Volksweisheit gilt heutzutage noch immer: Der beste Verkäufer versagt bekanntlich, wenn er seine eigene Person verkaufen soll. Geht es Ihnen auch so? Bei den meistens zu Jahresbeginn angesetzten Gehaltsverhandlungen ist es für viele immer wieder ungemein schwierig, die eigene Leistung ins rechte Licht zu rücken. Dabei helfen schon einfache Tricks, eine gute Vorbereitung oder ein clever ausgewählter Zeitpunkt, um beim Gehaltspokern gute Karten zu haben und auszuspielen.

Was Sie auf keinen Fall tun sollten

Versuchen Sie nicht, Ihren Chef zu erpressen. „Dann kündige ich eben" legt Ihnen der Chef als glatte Erpressung aus. Wer mit der Kündigung droht, dem wird gleich oder beim nächsten Anlass vielleicht gekündigt. Die Kündigungsdrohung funktioniert nur einmal; ein Chef lässt sich nicht zweimal erpressen!

Seien Sie nicht beleidigt

Sie haben weit weniger Gehaltsaufstockung herausgehandelt als geplant? Wer jetzt beleidigt verkündet, eben weniger und unmotiviert zu arbeiten, hat schlechte Karten. Denn dem Vorgesetzten geben Sie ein Signal der „inneren Kündigung" und er wird nach Ersatz suchen.

Vermeiden Sie Streit

Geben Sie dem Chef das Gefühl, dass er den Ton angibt, und halten Sie das Gespräch so sachlich wie möglich. Negative Emotionen oder persönliche Angriffe sind in einer Gehaltsverhandlung völlig fehl am Platz. Werden Sie angegriffen, bleiben Sie am besten ruhig und sachlich. Lassen Sie sich nicht provozieren.

Treten Sie nicht als Bittsteller auf

Auch wenn Ihre Ausgaben überproportional zu Ihrem Einkommen gestiegen sind, ist das immer noch Ihre Privatangelegenheit. Als Argument bei Gehaltsverhandlungen zählen häusliche Geldprobleme jedenfalls wenig. Jammern Sie deshalb nicht über Handwerkerrechnungen beim Hausbau oder über die gestiegenen Kosten für die Kinder.

Was Sie auf jeden Fall tun sollten

Mit Leistung überzeugen

Haben Sie sich ganz besonders aktiv für das Unternehmen engagiert? Zahlreiche Überstunden, neue Kunden, produktive Ideen oder wichtige Projekte, die erfolgreich abgeschlossen wurden, zeigen Ihre Leistungsbereitschaft. Wenn Sie im Team arbeiten, dann stellen Sie Ihre Leistungen klar heraus. Am besten dokumentieren Sie Ihre Arbeit und legen dem Chef konkrete Fakten vor. Bescheidenheit zahlt sich hier nicht aus.

Legen Sie sich eine Strategie zurecht

Bereiten Sie sich gut auf das Gespräch vor. Das fängt schon bei der Terminabsprache an: Der beste Zeitpunkt ist der nach einem erfolgreich abgeschlossenem Projekt. Prüfen Sie, welche Argumente der Chef vorbringen könnte, und legen Sie sich vorher gute Formulierungen zurecht. Dann können Sie prompt kontern.

Bleiben Sie realistisch

Welche Gehaltsforderung ist für Ihren Chef wirtschaftlich tragbar? Das sollten Sie vorab herausfinden. Er entscheidet nämlich oft nicht allein und muss die Forderung eventuell intern noch einmal begründen.

Diskretion ist wichtig

Stellen Sie auf keinen Fall Vergleiche mit Gehältern von Kollegen oder gar Mitarbeitern anderer Firmen an. Dies wird als Indiskretion gedeutet und verschafft Ihnen von vornherein Minuspunkte.

Argumentieren Sie kurz und präzise

Ersparen Sie Ihrem Chef unnötigen Zeitverlust. Denn auch bei Gehaltsverhandlungen gilt: Zeit ist Geld. Umständliche Argumentationen, hilfloses Gestammel und Um-den-heißen-Brei-Herumreden sind wahre Erfolgskiller.

Optimale Vorbereitung

Termin vereinbaren

Zunächst sollten Sie auf jeden Fall einen festen Termin für die Gehaltsverhandlung vereinbaren und sich nicht vertrösten lassen. Denn Sie haben ja etwas wirklich Wichtiges mit Ihrem Chef zu besprechen. Entscheidend ist, sich eine Art „Gesprächsleitfaden" zurechtzulegen. Achten Sie dabei besonders auf den Aufbau Ihrer Strategie: Die entscheidenden Tatsachen kommen immer zum Schluss.

Nur keine falsche Bescheidenheit

Prüfen Sie Fakten, sammeln Sie Argumente, die für Sie sprechen. Wenn Sie schwierige Aufgaben gut bewältigt haben, ist falsche Bescheidenheit fehl am Platz. Analysieren Sie vorher genau Ihre Position im Unternehmen: Worin unterscheidet sie sich von der ähnlich gestellter Kollegen? Vergleichen Sie – für sich – auch die Gehaltsleistungen von Konkurrenzunternehmen und bewerben Sie sich probehalber auf eine Stellenanzeige, um Ihren Marktwert zu testen. Oder schauen Sie sich Gehaltsvergleiche im Internet an.

Der „große" Tag

Gehen Sie wirklich ausgeschlafen in das Gespräch, denn „müde" Krieger gewinnen keinen Blumentopf. Zwängen Sie sich nicht in einen zu engen Anzug oder in ein Kleid, das Ihnen nicht gefällt. Die gewohnte gepflegte Kleidung passt viel besser zu Ihnen. „Peppen" Sie sie einfach mit einer neuen Krawatte, einem schönen Tuch oder geschmackvollen Ohrringen auf – das genügt vollkommen.

Schweigen ist nicht immer Gold!

Für das Gespräch gilt: Zuhören ist gut, intelligente Zwischenfragen sind besser. Erkundigen Sie sich nach der Leistungserwartung Ihres Chefs, dem Maßstab, den er zur Bemessung Ihrer Arbeit anlegt. Finden Sie heraus, wie und wohin Sie Ihr Einsatzgebiet erweitern können.

Strategien zur Gehaltsverhandlung

Wichtig ist das Wissen um die Strategie Ihres Vorgesetzten, denn danach können Sie Ihr eigenes Fortkommen im Unternehmen ausrichten. Verlieren Sie das Ziel des Gespräches – mehr Gehalt – dabei nicht aus den Augen. Auch Ihr Chef soll merken, dass Sie sich charmant durchsetzen können. Das bringt Ihnen Pluspunkte im Geschäftsalltag. Wenn Sie nun die richtige Tagesform mitbringen und die richtigen Worte und überzeugenden Argumente finden, steht Ihrer Gehaltserhöhung nichts mehr im Weg.

Nur nicht unter Druck setzen

Clever ist es, Ihren Chef nicht gleich mit hohen Forderungen zu überrumpeln. Setzen Sie sich ein festes Ziel – etwa 15 Prozent mehr Gehalt – und bieten Sie Ihrem Chef mehrere Möglichkeiten, dieses Ziel stufenweise zu erreichen. Alternativen zur starren Gehaltserhöhung gibt es viele und es muss ja nicht immer bares Geld sein: Projektbezogene Prämien, leistungsorientierte Provisionen, teure Sprachkurse und Fortbildungen, einen Firmenwagen, eine zusätzliche Altersversorgung oder ein bezahlter Sonderurlaub wären Alternativen.

„Über Geld redet man nicht." Die alte Benimmformel gilt hierzulande immer noch: Fast jeder fühlt sich chronisch unterbezahlt oder wüsste gerne, was Kollegen, Nachbarn oder Vorgesetzte verdienen. Wer offen über sein Gehalt redet, zieht die Missgunst derjenigen auf sich, die weniger bekommen. Viele Neider übersehen dabei gern, dass mehr Geld meist mit höherer Leistung einhergeht. Von der Geheimnistuerei profitieren zahlreiche Unternehmen. Schätzungen sagen, dass jeder Vierte eigentlich mehr verdienen müsste.

Zusätzliches bei guter Menschenkenntnis

Argumentieren Sie so, dass Ihr Chef am Ende des Gespräches das Gefühl hat, dass er letztlich dem Unternehmen etwas Gutes tut, wenn er Ihnen mehr Geld zahlt. Vereinbaren Sie mit ihm entweder Extrazahlungen mit Steuervorteilen oder machen Sie ihm glaubhaft deutlich, dass Sie eigentlich den Job von zwei Mitarbeitern erledigen und jetzt einen neuen Motivationsschub brauchen.

Wenn alles nichts bewirkt

Lassen Sie sich nicht entmutigen, bleiben Sie hartnäckig. Bringen Sie sich mit Ihrem Gehaltswunsch bei Ihrem Chef immer wieder in Erinnerung. Bringen Sie konkrete Argumente hervor. Lassen Sie sich nicht auf das nächste Jahr vertrösten, sondern fragen Sie immer nach dem nächstmöglichen Termin. Bitten Sie Ihren Vorgesetzten dabei um konstruktive Kritik und um Zielvorgaben. Das wird es ihm beim nächsten Mal erschweren, Sie hinzuhalten. Dranbleiben ist alles, auch im Alltagsbusiness.

Wenn Sie nicht gleich in vollem Umfang zum Zuge kommen, notieren Sie die Argumente und Wünsche des Chefs – für das nächste Mal zur Erinnerung. Auch Vorgesetzte arbeiten gern nach dem einfachsten System und spielen bei jedem Gehaltspoker die gleiche Kassette ab. So können Sie sich besser auf das nächste Gespräch vorbereiten und sich auf bestimmte Argumente und Widerstände einstellen.

Erfolgskiller

- Fantasten: Prüfen Sie vorher, welche Forderung realistisch ist und was der Chef intern verkaufen kann.
- Schwätzer: Vorgesetzte hassen es, wenn Mitarbeiter vertrauliche Gehaltszahlen ausplaudern. Operieren Sie mit solchen Interna nicht in Ihrem Gehaltsgespräch.
- Schwafler: Argumentieren Sie nicht umständlich und weitschweifig, sondern kurz und präzise.
- Bittsteller: Wer von seiner Leistung und seiner Forderung nicht überzeugt ist, sondern auf seine Kinder oder Hypotheken verweist, kann andere nicht überzeugen.
- Jammerer: Mieterhöhungen und gestiegene Abgaben rühren den Vorgesetzten nicht. Ihn interessiert nicht, ob Sie mit Ihrem Geld auskommen oder umgehen können.
- Erpresser: Wer im Gespräch mit der Bitte um ein Zwischenzeugnis die Kündigung andeutet oder gar offen mit ihr droht oder wer Dienst nach Vorschrift in Aussicht stellt, sägt am eigenen Stuhl. Der Chef wird sich über kurz oder lang nach einer Alternative umsehen.
- Hitzköpfe: Greifen Sie den Chef nicht persönlich an und machen Sie ihm keine Vorwürfe, sondern bleiben Sie sachlich.

Acht Karrieretipps

Eine erfolgreiche Karriere beginnt mit einer guten Vorbereitung. Dazu gehört, sich darüber klar zu werden, was man beruflich erreichen will, welche Fähigkeiten und Eigenschaften dafür vorausgesetzt werden und was man tun muss, um sein Karriereziel schließlich zu erreichen.

Setzen Sie sich klare Ziele

Der erste Schritt: Zielbestimmung: Was bedeutet für Sie „Karriere"? Ist damit eine bestimmte Geldsumme verbunden? Wollen Sie eine bestimmte Position erreichen?

Erst wenn Sie wirklich eine genaue Vorstellung davon haben, was „Karrieremachen" für Sie persönlich heißt, können Sie auch gezielt darauf hinarbeiten. Viele Menschen nehmen sich nicht die Zeit, sich einmal ganz bewusst und systematisch über die eigenen beruflichen Ziele klar zu werden. Schreiben Sie für sich auf, was Sie erreichen wollen und warum Sie es erreichen wollen. Stellen Sie sich vor, wie es sein wird, wenn Sie Ihr Ziel erreicht haben. Arbeiten Sie einen konkreten und detaillierten Maßnahmenplan aus, der zeigt, wie Sie an Ihr Ziel kommen. Nehmen Sie Ihr Karriereziel aktiv in die Hand.

Maßnahmenplan

Was darf Ihre Karriere kosten?

Wenn Sie wissen, was Sie erreichen wollen, sollten Sie überlegen, welchen Preis Sie dafür zu zahlen bereit sind. Bei vielen Menschen geht die Karriere auf Kosten der Beziehung zum Lebenspartner oder auf Kosten der Gesundheit, der Freizeit und der Lebensqualität. Wenn Sie leistungsfähig bleiben wollen, müssen Sie darauf achten, dass es Ihnen gut geht – körperlich, seelisch und geistig. Also sollten Sie sich bereits im Vorfeld darüber klar werden, was Sie Ihre Karriere kosten darf und was nicht. Nur so können Sie dann im Berufsalltag entsprechende Entscheidungen treffen. Manchmal ist ein Karrieresprung nichts wert, wenn Sie dafür zu viel von dem hergeben und opfern müssen, was Ihnen neben Ihrer Karriere auch noch wichtig ist.

Lebensqualität bewerten

Nehmen Sie sich Zeit zur Selbstreflexion

Halten Sie immer wieder inne, um zu überlegen, was Sie genau tun, wie sinnvoll das ist, ob es Sie an Ihr Ziel bringt und ob es vielleicht auch einfacher geht.

Gerade, wenn man sehr eifrig ein Ziel zu erreichen versucht, übernimmt in vielen Fällen eine Art innerer „Autopilot“ das Kommando und steuert das Verhalten. Solche automatisierten Denk- und Verhaltensweisen sollten Sie möglichst bald entdecken und hinterfragen. Sie können sonst leicht einen Weg einschlagen, der Sie von Ihrem eigentlichen Ziel abbringt.

Ihr Karrierevorhaben ist Ihr Unternehmen

Denken und handeln Sie wie ein Unternehmer

Wenn Sie Karriere machen wollen, sollten Sie beginnen, sich selbst und Ihre Karriereabsichten wie ein richtiges Unternehmensprojekt anzugehen. Tun Sie so, als hätten Sie eine Firma mit dem Ziel gegründet, Sie in Ihre Wunschposition zu bringen. Werden Sie Ihr eigener Vorgesetzter und Ihr Mitarbeiter zugleich. Lernen Sie sich selbst wie eine Führungskraft zu behandeln. Werden Sie selbstkritisch, aber nicht übertrieben kritisch, und seien Sie ständig darauf bedacht, sich selbst weiterzuentwickeln und hinzuzulernen. Betreiben Sie in eigener Sache Ihr persönliches Marketing, Public Relations, Networking, Innovations-Management, Personalwesen und alles andere, was ein Unternehmen auch ausmacht.

Werden Sie sich Ihrer Stärken und Schwächen bewusst

Wenn Sie erfolgreich sein wollen, müssen Sie gut über sich selbst und Ihre Leistungsfähigkeit Bescheid wissen. Je besser Sie Ihre Fähigkeiten, Ihre Kenntnisse, aber auch Ihre Schwachpunkte kennen, desto gezielter können Sie an sich arbeiten. Machen Sie also – und zwar in regelmäßigen Abständen – eine Stärken- und Schwächenanalyse Ihrer beruflichen und persönlichen Kompetenzen. Sie sollten dafür auch andere Menschen, gute Freunde, Familienangehörige und Bekannte um ihre Meinung bitten. Hören Sie aufmerksam zu und fühlen Sie sich durch Kritik nicht verletzt – Sie können nur hinzulernen.

Fragen Sie andere Menschen

Bilden Sie sich ständig weiter, auch fachübergreifend

Wenn Sie Ihre Stärken und Schwächen kennen, können Sie gezielt Fähigkeiten ausbauen und Schwachstellen beseitigen. Investieren Sie in Ihr Wissen und in Ihre Fähigkeiten. Lesen Sie Bücher, hören Sie Kassettenprogramme, besuchen Sie Seminare und Workshops. Bilden Sie sich weiter. Seien Sie auch auf andere Fachgebiete neugierig und eignen Sie sich nützliches Spezialwissen an. So steigern Sie Ihren Wert als Mitarbeiter.

Coaching

Beginnen Sie sich zu Hochleistungen und zum Erfolg zu coachen. Dafür sollten Sie sich als Ihren wichtigsten Mitarbeiter hegen und pflegen, aber auch fördern und fordern. Ziehen Sie auch die Möglichkeiten in Betracht, sich von einem professionellen Coach trainieren zu lassen. Man muss nicht alles allein bewältigen und es ist auch nicht möglich, bei sich selbst alle Schwachstellen zu entdecken. Ein guter Coach wird Sie behutsam aber konsequent auf Ihre „blinden Flecken" hinweisen und mit Ihnen daran arbeiten.

Trainieren Sie sich

Verkaufen Sie sich nicht unter Wert

Bringen Sie Ihren „Marktwert“ in Erfahrung. Dabei helfen Ihnen die Gehaltsspiegel in Fachzeitschriften oder Gespräche mit anderen Fachleuten aus Ihrer Branche. Seien Sie sich bewusst darüber, welchen Wert Ihre Leistungen und Ihr Engagement haben und fordern Sie ihn ein. Das sind Sie sich und Ihrem Selbstbewusstsein schuldig.

Acht Karrieretipps für den Umgang mit anderen

Karriere entstehen nicht im luftleeren Raum. Um Sie herum leben eine Reihe anderer Menschen, die Sie beachten müssen, die Sie unterstützen oder die Ihnen das Leben auch schwer machen können. Hier einige Tipps für den Umgang mit anderen Menschen.

Lernen Sie Ihren Chef kennen und nehmen Sie ihn so, wie er ist

Ihr Chef ist Vorgesetzter und solange Sie in diesem Unternehmen bleiben, kommen Sie um ihn nicht herum und an ihm vorbei. Ihr Vorgesetzter wird wesentlich über Ihren Karriereweg in diesem Unternehmen entscheiden. Deshalb sollten Sie ihn und seine Stimmungen kennen lernen. Finden Sie heraus, was ihm wichtig ist und worauf es ihm ankommt. Falls Sie es mit einem sehr unangenehmen Chef zu tun haben, macht es wenig Sinn, sich immer wieder über ihn zu ärgern. Lernen Sie vielmehr, gut mit ihm auszukommen.

Gut auskommen

Werden Sie zum wichtigsten Dienstleister Ihres Chefs

Werden Sie unentbehrlich

Dienstleister Ihres Chefs zu sein, bedeutet nicht, sein Leibeigener zu sein oder sich anzubiedern. Es geht vielmehr darum zu erkennen, was Ihr Chef am dringendsten braucht und genau das zu liefern. Betrachten Sie sich selbst und Ihren Job als ein kleines Unternehmen und Ihren Chef als Ihre Zielgruppe. So machen Sie sich unentbehrlich.

Geben Sie immer ein wenig mehr als Sie müssen, aber nicht zu viel

Immer ein wenig mehr zu tun als Sie müssen heißt nicht, nur noch für Ihre Arbeit leben zu müssen. Vielmehr sollten Sie Ihrem Vorgesetzten zeigen, dass Sie etwas Besonderes sind.

Zeigen Sie Einsatz

Kommen Sie ab und zu etwas früher oder arbeiten Sie – nicht immer – ein wenig länger als erwartet. Übernehmen Sie auch einmal eine Aufgabe, die eigentlich nicht zu Ihrem Aufgabenbereich gehört, die aber dringend erledigt werden muss. Erfüllen Sie Ihre Aufgaben immer besser, als es von Ihnen erwartet wird.

Entwickeln Sie Ihre soziale Kompetenz

Sie und die anderen

Soziale Kompetenz ist für die meisten Berufe wichtig und sie wird immer wichtiger, je höher Sie auf der Karriereleiter stehen. Wenn anfangs Ihre fachlichen Fähigkeiten ausreichen, dann kommen auf höheren Positionen Anforderungen als Führungspersönlichkeit auf Sie zu.

Zur sozialen Kompetenz gehören:

- Kommunikationsfähigkeit,
- Konfliktmanagement,
- Führungstechniken,
- Motivationsfähigkeit,
- Einfühlungsvermögen (Empathie) u. a.

Sie können zum Erwerb dieser Kompetenzen Seminare oder Workshops besuchen, Bücher zum Thema „Emotionale Intelligenz" durcharbeiten und sich Feedback von Freunden und Bekannten holen.

Betreiben Sie Networking

Ihr persönliches Netzwerk

Networking ist auch für Angestellte ein Schlüssel für eine erfolgreiche Karriere. Lernen Sie möglichst viele Leute aus den unterschiedlichsten Bereichen kennen. Tauschen Sie sich aus und knüpfen Sie Kontakte sowohl in Ihrem Unternehmen als auch außerhalb. Halten Sie Augen und Ohren offen. Interessieren Sie sich für andere Menschen und fragen Sie interessiert nach. Auf diese Weise können Sie viel lernen und möglicherweise genau den Menschen kennen lernen, der Sie einen großen Schritt weiter zu Ihrem Karriereziel bringt.

Üben Sie sich im Smalltalk

Sich unterhalten und lernen

Gekonnt „smalltalken" ist schon fast eine Kunst. Es gibt Menschen, die können mit jedem über alles Mögliche reden. Sie sind nie verlegen um ein Thema und können sich mit den unterschiedlichsten Leuten zu jeder Gelegenheit unterhalten. Sie lernen so natürlich viele Menschen kennen und hinterlassen oft einen freundlichen und offenen Eindruck.

Üben Sie sich darin, falls Ihnen das schwer fällt. Ein guter Tipp: Fragen Sie Menschen, die Sie kennen lernen, nach ihren Interessen. Darüber reden fast alle gerne. Auch wenn Sie davon keine Ahnung haben, können Sie interessiert zuhören und Verständnisfragen stellen. So betreiben Sie „sinnvollen" Smalltalk, denn Sie lernen gleich noch etwas Neues hinzu.

Betreiben Sie persönliches Marketing

Erfolge sichtbar machen

Wenn Sie die Karriereleiter erklimmen wollen, dann müssen Sie gute Leistungen bringen. Aber gute Leistungen allein reichen oft nicht aus. Sie müssen Ihre Leistungen vor allem gut „verkaufen". Die Idee ist, eine Art persönliches Marketing zu betreiben. Sorgen Sie dafür, dass Ihre Vorgesetzten und andere wichtige Menschen erfahren, was Sie gut gemacht haben und welche Vorteile Sie Ihrem

Unternehmen bringen. Dabei müssen Sie aufpassen, dass Sie von Ihrer Umgebung nicht zum Aufschneider oder Angeber gestempelt werden. Mit Fingerspitzengefühl und Ideenreichtum sollten Sie sich und Ihre Leistungen sachlich, aber nachhaltig ins rechte Licht rücken.

Beachten Sie Ihre Kolleginnen und Kollegen

Sie arbeiten mit anderen zusammen

Was Ihre Kolleginnen und Kollegen über Ihre Karriereaktivitäten denken und wie sie darauf reagieren, wird von Branche zu Branche und von Unternehmen zu Unternehmen unterschiedlich sein. Wenn Sie zu ehrgeizig und aufstrebend wirken, wird man Sie vielleicht ablehnen. Aber Sie dürfen Ihr Karriereziel natürlich nicht ausschließlich an anderen ausrichten. Bauen Sie ein gutes Verhältnis zu Ihren Kollegen und Mitarbeitern auf, aber lassen Sie sich nicht Ihr Verhalten diktieren. Hier sind Fingerspitzengefühl und soziale Kompetenz gefragt.

Die Karriere machen Sie selbst – Sechs Tipps für Sie persönlich

Wenn Sie Karriere machen wollen, brauchen Sie ein gutes Selbstmanagement. Sie dürfen außerdem nicht vergessen, gut für sich zu sorgen.

Organisieren Sie Ihre Arbeit so effektiv wie möglich

Organisieren Sie sich und andere

Um erfolgreich Karriere zu machen, sollten Sie sich selbst und Ihre Arbeit möglichst effektiv organisieren. Dazu gehören ein systematisches Zeitmanagement, eine gut geplante Aufgabenorganisation und ein effektives Organisieren der eigenen Person. Legen Sie konkrete Arbeitsziele fest und überprüfen Sie, ob Sie diese Ziele durch Ihre Maßnahmen und Arbeitsschritte tatsächlich erreichen. Versuchen Sie auch, möglichst viele Arbeitsschritte zu vereinfachen. Vermeiden Sie unnötige Handgriffe. Delegieren Sie Aufgaben an andere, um mehr Zeit für das Wesentliche zu sparen. Suchen Sie Unterstützung, wenn Sie allein nicht weiterkommen. Und lernen Sie von erfolgreichen Personen, wie diese ihre Arbeit managen.

Gehen Sie gut mit sich um

Sorgen Sie bei allen Karrierewünschen immer auch gut für sich selbst. Ein noch so steiler Aufstieg nützt Ihnen nichts, wenn Sie dabei gesundheitlich oder psychisch Schaden nehmen. Machen Sie jeden Tag ausreichend Pausen und entspannen Sie sich ganz bewusst. Sie müssen Ihre Batterien immer wieder „aufladen", um nicht irgendwann leer zu laufen. Achten Sie darauf, genügend Ausgleich und Bewegung zu bekommen. Ernähren Sie sich vernünftig. Suchen Sie sich ein Hobby, bei dem Sie sich entspannen können. Pflegen Sie auch private Kontakte, Freundschaften und vor allem Ihre Partnerschaft.

Pausen sind wichtig

Sehen Sie Schwierigkeiten als Herausforderungen und Probleme als Chancen

Wie gehen Sie mit Problemen und Schwierigkeiten um? Sind Sie schnell entmutigt und frustriert? Geben Sie schnell auf und fühlen Sie sich furchtbar dabei? Dann sollten Sie an Ihrer Einstellung arbeiten.

Persönliche Fortschritte durch Herausforderungen

An Schwierigkeiten und Problemen können Sie etwas lernen und sich weiterentwickeln. Wenn Sie das auch so sehen und leben können, wird es Ihnen auf Ihrem Karriereweg viel besser gehen, Sie werden über Kraft und Energie verfügen und weitermachen, wenn andere bereits aufgeben.

Ändern Sie Ihr Verhältnis zu Fehlern

Wahrscheinlich haben Sie auch die Erfahrung gemacht, dass Fehler von vielen Menschen negativ bewertet werden. In der Schule bekommt man dafür schlechte Noten oder man wird ausgeschimpft, wenn man etwas falsch macht. Von dieser Einstellung sollten Sie sich verabschieden, denn mit dieser Einstellung verhindern Sie, mutig etwas auszuprobieren. Nur wenn Sie Fehler in Kauf nehmen, trauen Sie sich etwas zu. Fehler sind in einem Lern- oder Weiterentwicklungsprozess wichtig und unvermeidbar. Wenn Sie merken, dass Sie etwas falsch gemacht haben, dann sollten Sie sich fragen, was Sie getan haben, was Sie ändern sollten und was Sie daraus lernen können. Um weniger Fehler zu machen, braucht man Erfahrung. Und wie erwirbt man Erfahrung? Indem man Fehler macht und daraus lernt.

Aus Fehlern lernen

Nehmen Sie nicht alles so ernst

Karriereziele sind für viele Menschen eine ernste Sache. Es geht um Geld, Erfolg und Zukunft. Dennoch sollten Sie sich in Ihre Ziele auf keinen Fall „verbeißen“. Versuchen Sie immer, nicht alles so eng zu sehen oder zu ernst zu nehmen. Bewahren Sie sich bei allen Karrierebestrebungen ein gesundes Maß an Spaß und Humor. Lachen Sie auch mal über sich selbst. Menschen, die eine natürliche Lockerheit und Gelassenheit ausstrahlen, wirken auf andere viel attraktiver und erfolgreicher, als solche, die mit todernster Miene um jeden Preis erfolgreich sein wollen. Sehen Sie Ihre Karriere als einen Teil Ihres Lebens, nicht mehr und nicht weniger. So wichtig beruflicher Erfolg für Sie auch sein mag, Sie sollten nie vergessen, dass es auch noch viele andere Dinge im Leben gibt.

Lachen ist gesund

Lassen Sie auch mal los

Ihr Karriereziel sollten Sie auch einmal loslassen. Wenn man etwas zu sehr will, scheint es sich oft nicht zu erfüllen. Entwickeln Sie deshalb Gelassenheit und vertrauen Sie auf Ihr Schicksal. Wenn Sie Ihre Karriere aktiv in die Hand nehmen und die meisten Karrieretipps beherzigen, werden Sie erfolgreich sein.

Gelassenheit zeigen

Nachwort

In diesem Buch haben Sie viele Informationen und Taktiken für erfolgreiches Verhandeln gelesen. Sie haben die Schwerpunkte verschiedener Strategien und Vorgehensweisen und Beispiele für die Wirksamkeit kennen gelernt. Vielleicht haben Sie dabei festgestellt, dass Verhandeln nicht nur ausgesprochen wichtig für Ihr privates und berufliches Fortkommen, sondern auch ein ständiger Bestandteil jeder Art von Kommunikation ist. Lesen Sie daher dieses Buch mehrmals und vertiefen Sie Ihr Wissen, indem Sie das Gelernte häufig anwenden. Wir würden uns über Ihre Anregungen und Erfahrungen freuen. Weitere Informationen und eine Kontaktadresse finden Sie im Internet unter www.verhandlungspower.de.

Vielleicht treffen wir uns auch einmal in einem Seminar, in dem Sie die vorgestellten Techniken noch einmal an praktischen Übungen erleben können. In jedem Fall wünschen wir Ihnen viel Erfolg und positive Ergebnisse mit Ihrer Verhandlungspower.

Jochen Sommer und Jochen Maigatter

Anhang

Übungen

Die folgenden Übungen enthalten einige kommunikative Techniken, mit denen Sie mit einem Partner Ihre kommunikativen Fähigkeiten für besseres Verhandeln schulen können. Führen Sie die Übungen mehrfach durch, damit Sie die gelernten Fähigkeiten vertiefen können.

Meta-Mirror

In dieser Übung betrachten Sie Verhandlungsprobleme von verschiedenen Standpunkten aus. Nehmen Sie dazu ein Thema aus Ihren aktuellen Verhandlungsproblemen oder eine Kommunikationsschwierigkeit mit einem Vorgesetztem, Mitarbeiter oder Kunden. Die einzelnen Übungsschritte werden auf Seite 108 f. beschrieben.

Fünf-Schritte-Technik

Wählen Sie ein Problem, für das Sie seit längerer Zeit eine Lösung suchen. Mit einem Partner lassen Sie sich mithilfe der Fünf-Schritte-Technik zu einer Lösung des Problems führen.

Wechseln Sie danach die Rollen. Für wie effektiv halten Sie die Übung? Werden Sie die erarbeitete Lösung annehmen?

Die Ja-und-Übung

Diskutieren Sie mit einem Partner über ein aktuelles gesellschaftliches Problem. Dabei nehmen Sie nach Möglichkeit eine Position ein, die Sie normalerweise nicht vertreten. Mögliche Themen könnten sein:

- Fleischlose Ernährung als sinnvoller Schritt zur Gesundheit
- Der Einsatz von Atomkraft als moderne und sichere Energiequelle
- Ist tägliches Fernsehen gut für die Entwicklung unserer Kinder?
- Ist ein Haus eine sinnvolle Investition für den Lebensabend?

Diskutieren Sie etwa fünf Minuten über das Thema. Wie ist die Diskussion verlaufen? War sie friedlich? Wie haben Sie sich dabei gefühlt? Welche Gedanken hatten Sie über die Gegenseite?

Führen Sie die gleiche Diskussion noch einmal. Diesmal versuchen Sie allerdings, Ihrem Gegenüber nicht zu widersprechen. Vermeiden Sie die Worte „Nein" und „Aber". Ersetzen Sie „Nein" durch „Sie haben vermutlich Recht" und ersetzen Sie „aber" durch „Das hört sich (in diesem Fall) richtig an und wenn Sie jetzt noch berücksichtigen, dass…, dann kommen Sie zu dem Schluss…". Stimmen Sie jedem Argument zunächst einmal zu, vertreten Sie aber trotzdem Ihre Meinung.

Wie verläuft die Diskussion jetzt? Wie fühlen Sie sich? War es leichter Ihren Standpunkt zu vertreten? Wie sieht das Ergebnis aus?

Checkliste zur Vorbereitung für Verhandlungen

Persönliche Vorbereitung

Kunde: ______________________________

Gesprächspartner: ______________________________

Termin: ______________________________

Mein Ziel: ______________________________

Der Mensch (Funktion, Rolle, Position, Wünsche, Ziele, Probleme, Charakter, „Typ"):

____

Die Organisation (Produkte, Dienstleistung, Größe, Zahlen, Ziele, Probleme, Chancen):

____

Nutzen, Vorteile, Lösungen für den Kunden:

____

Mögliche Widerstände/Konkurrenten:

____

Vorbereitung: Was muss ich machen?

____

Auftreten: Wie kleide ich mich am besten?

____

Material: Was nehme ich mit?

____

Wo kann ich Spielräume für Zugeständnisse schaffen?

____

Welche Forderungen möchte ich mindestens durchsetzen?

____

Checkliste meiner Stärken und Schwächen

Die folgende Checkliste für eine Analyse Ihrer Stärken und Schwächen soll als Grundlage dienen, Ihre Charaktereigenschaften zu erfassen.

Schätzen Sie sich als ersten Schritt selbst ein und tragen Sie Ihre Bewertung in die Liste.

Als zweiten Schritt lassen Sie dieselbe Liste von einem Bekannten ausfüllen.

Jetzt müssen Sie nur noch die beiden Bogen vergleichen und Sie haben bei Übereinstimmung (auch + – 1 ist eine Übereinstimmung) einen Anhaltspunkt dafür, wie Sie von anderen Menschen wahrgenommen werden. Für Eigenschaften, bei denen keine Übereinstimmung erzielt wurde, können Sie entscheiden, ob Sie Ihnen so wichtig sind, dass Sie sie in der Zukunft stärker betonen möchten.

Checkliste – Stärken- und Schwächenanalyse

Eigenschaften	schwache 1	2	3	➡ 4	starke Ausprägung 5	6	7	8	9
Abstraktionsvermögen	☐	☐	☐	☐	☐	☐	☐	☐	☐
Allgemeinwissen	☐	☐	☐	☐	☐	☐	☐	☐	☐
Analytisches Denkvermögen	☐	☐	☐	☐	☐	☐	☐	☐	☐
Anpassungsfähigkeit	☐	☐	☐	☐	☐	☐	☐	☐	☐

Checkliste (Fortsetzung)									
Eigenschaften	schwache			➡	starke Ausprägung				
	1	2	3	4	5	6	7	8	9
Anspruchsdenken	☐	☐	☐	☐	☐	☐	☐	☐	☐
Aufgeschlossenheit	☐	☐	☐	☐	☐	☐	☐	☐	☐
Auftreten	☐	☐	☐	☐	☐	☐	☐	☐	☐
Ausdauer	☐	☐	☐	☐	☐	☐	☐	☐	☐
Ausdrucksfähigkeit	☐	☐	☐	☐	☐	☐	☐	☐	☐
Ausgeglichenheit	☐	☐	☐	☐	☐	☐	☐	☐	☐
Begeisterungsfähigkeit	☐	☐	☐	☐	☐	☐	☐	☐	☐
Belastbarkeit	☐	☐	☐	☐	☐	☐	☐	☐	☐
Beobachtungsgabe	☐	☐	☐	☐	☐	☐	☐	☐	☐
Detailtreue	☐	☐	☐	☐	☐	☐	☐	☐	☐
Diplomatisches Geschick	☐	☐	☐	☐	☐	☐	☐	☐	☐
Durchhaltevermögen	☐	☐	☐	☐	☐	☐	☐	☐	☐
Durchsetzungsvermögen	☐	☐	☐	☐	☐	☐	☐	☐	☐
Dynamik	☐	☐	☐	☐	☐	☐	☐	☐	☐
Ehrgeiz	☐	☐	☐	☐	☐	☐	☐	☐	☐
Eigeninitiative	☐	☐	☐	☐	☐	☐	☐	☐	☐

Checkliste (Fortsetzung)

Eigenschaften	schwache 1	2	3	➟ 4	5	starke 6	Ausprägung 7	8	9
Einfühlungsvermögen	☐	☐	☐	☐	☐	☐	☐	☐	☐
Einsatzbereitschaft	☐	☐	☐	☐	☐	☐	☐	☐	☐
Entscheidungsfähigkeit	☐	☐	☐	☐	☐	☐	☐	☐	☐
Entscheidungsfreude	☐	☐	☐	☐	☐	☐	☐	☐	☐
Fachkenntnisse	☐	☐	☐	☐	☐	☐	☐	☐	☐
Fantasie	☐	☐	☐	☐	☐	☐	☐	☐	☐
Fleiß	☐	☐	☐	☐	☐	☐	☐	☐	☐
Flexibilität	☐	☐	☐	☐	☐	☐	☐	☐	☐
Frustrationstoleranz	☐	☐	☐	☐	☐	☐	☐	☐	☐
Führungsfähigkeit	☐	☐	☐	☐	☐	☐	☐	☐	☐
Gedächtnis	☐	☐	☐	☐	☐	☐	☐	☐	☐
Geduld	☐	☐	☐	☐	☐	☐	☐	☐	☐
Gesellschaftliches Engagement	☐	☐	☐	☐	☐	☐	☐	☐	☐
Handwerkliches Geschick	☐	☐	☐	☐	☐	☐	☐	☐	☐
Hilfsbereitschaft	☐	☐	☐	☐	☐	☐	☐	☐	☐
Humor	☐	☐	☐	☐	☐	☐	☐	☐	☐

Checkliste (Fortsetzung)									
Eigenschaften	schwache			➟	starke Ausprägung				
	1	2	3	4	5	6	7	8	9
Improvisationstalent	☐	☐	☐	☐	☐	☐	☐	☐	☐
Intelligenz	☐	☐	☐	☐	☐	☐	☐	☐	☐
Intuition	☐	☐	☐	☐	☐	☐	☐	☐	☐
Kombinationsgabe	☐	☐	☐	☐	☐	☐	☐	☐	☐
Kommunikationsfähigkeit	☐	☐	☐	☐	☐	☐	☐	☐	☐
Kompromissfähigkeit	☐	☐	☐	☐	☐	☐	☐	☐	☐
Konsequenz	☐	☐	☐	☐	☐	☐	☐	☐	☐
Kontaktfähigkeit	☐	☐	☐	☐	☐	☐	☐	☐	☐
Konzentrationsfähigkeit	☐	☐	☐	☐	☐	☐	☐	☐	☐
Kooperationsfähigkeit	☐	☐	☐	☐	☐	☐	☐	☐	☐
Kreativität	☐	☐	☐	☐	☐	☐	☐	☐	☐
Kritikfähigkeit	☐	☐	☐	☐	☐	☐	☐	☐	☐
Künstlerische Fähigkeiten	☐	☐	☐	☐	☐	☐	☐	☐	☐
Leistungsbereitschaft	☐	☐	☐	☐	☐	☐	☐	☐	☐
Lernbereitschaft	☐	☐	☐	☐	☐	☐	☐	☐	☐
Logisches Denken	☐	☐	☐	☐	☐	☐	☐	☐	☐

Checkliste (Fortsetzung)

Eigenschaften	schwache 1	2	3	➞ 4	starke Ausprägung 5	6	7	8	9
Loyalität	☐	☐	☐	☐	☐	☐	☐	☐	☐
Mobilität	☐	☐	☐	☐	☐	☐	☐	☐	☐
Mut	☐	☐	☐	☐	☐	☐	☐	☐	☐
Optimismus	☐	☐	☐	☐	☐	☐	☐	☐	☐
Organisatorische Fähigkeiten	☐	☐	☐	☐	☐	☐	☐	☐	☐
Pädagogisches Geschick	☐	☐	☐	☐	☐	☐	☐	☐	☐
Planerische Fähigkeit	☐	☐	☐	☐	☐	☐	☐	☐	☐
Positives Denken	☐	☐	☐	☐	☐	☐	☐	☐	☐
Praktische Intelligenz	☐	☐	☐	☐	☐	☐	☐	☐	☐
Problemlösungsfähigkeit	☐	☐	☐	☐	☐	☐	☐	☐	☐
Pünktlichkeit	☐	☐	☐	☐	☐	☐	☐	☐	☐
Realitätssinn	☐	☐	☐	☐	☐	☐	☐	☐	☐
Risikobereitschaft	☐	☐	☐	☐	☐	☐	☐	☐	☐
Sachlichkeit	☐	☐	☐	☐	☐	☐	☐	☐	☐
Schauspielerische Fähigkeiten	☐	☐	☐	☐	☐	☐	☐	☐	☐
Schlagfertigkeit	☐	☐	☐	☐	☐	☐	☐	☐	☐

Checkliste (Fortsetzung)									
Eigenschaften	schwache			➡	starke Ausprägung				
	1	2	3	4	5	6	7	8	9
Schriftstellerische Fähigkeiten	☐	☐	☐	☐	☐	☐	☐	☐	☐
Selbstbeherrschung	☐	☐	☐	☐	☐	☐	☐	☐	☐
Selbstbewusstsein	☐	☐	☐	☐	☐	☐	☐	☐	☐
Selbstdisziplin	☐	☐	☐	☐	☐	☐	☐	☐	☐
Selbstkritik	☐	☐	☐	☐	☐	☐	☐	☐	☐
Selbstsicherheit	☐	☐	☐	☐	☐	☐	☐	☐	☐
Selbstständigkeit	☐	☐	☐	☐	☐	☐	☐	☐	☐
Sensibilität	☐	☐	☐	☐	☐	☐	☐	☐	☐
Sorgfalt	☐	☐	☐	☐	☐	☐	☐	☐	☐
Spontaneität	☐	☐	☐	☐	☐	☐	☐	☐	☐
Sprachkenntnisse	☐	☐	☐	☐	☐	☐	☐	☐	☐
Sprachliche Fähigkeiten	☐	☐	☐	☐	☐	☐	☐	☐	☐
Strategisches Denken	☐	☐	☐	☐	☐	☐	☐	☐	☐
Systematisches Denkvermögen	☐	☐	☐	☐	☐	☐	☐	☐	☐
Tatkraft	☐	☐	☐	☐	☐	☐	☐	☐	☐
Teamfähigkeit	☐	☐	☐	☐	☐	☐	☐	☐	☐

Checkliste (Fortsetzung)

Eigenschaften	schwache 1	2	3	➟ 4	starke 5	Ausprägung 6	7	8	9
Technisches Verständnis	☐	☐	☐	☐	☐	☐	☐	☐	☐
Toleranz	☐	☐	☐	☐	☐	☐	☐	☐	☐
Überzeugungsvermögen	☐	☐	☐	☐	☐	☐	☐	☐	☐
Umgang mit der Zeit	☐	☐	☐	☐	☐	☐	☐	☐	☐
Umgang mit Geld	☐	☐	☐	☐	☐	☐	☐	☐	☐
Umgang mit Menschen	☐	☐	☐	☐	☐	☐	☐	☐	☐
Umgang mit Zahlen	☐	☐	☐	☐	☐	☐	☐	☐	☐
Unternehmerisches Denken	☐	☐	☐	☐	☐	☐	☐	☐	☐
Verantwortungsbewusstsein	☐	☐	☐	☐	☐	☐	☐	☐	☐
Verhandlungsgeschick	☐	☐	☐	☐	☐	☐	☐	☐	☐
Verkaufsgeschick	☐	☐	☐	☐	☐	☐	☐	☐	☐
Verschwiegenheit	☐	☐	☐	☐	☐	☐	☐	☐	☐
Vitalität	☐	☐	☐	☐	☐	☐	☐	☐	☐
Wirtschaftliches Denken	☐	☐	☐	☐	☐	☐	☐	☐	☐
Zielstrebigkeit	☐	☐	☐	☐	☐	☐	☐	☐	☐
Zuverlässigkeit	☐	☐	☐	☐	☐	☐	☐	☐	☐

Gedächtnisprotokoll eines Verhandlungsgesprächs

Wesentliche Inhalte des Gesprächs

Schwierige Fragen

Vereinbarungen

Literaturhinweise

NLP – Neurolinguistisches Programmieren

Klaus Grochowiak: Das NLP-Practitioner Handbuch. Junfermann-Verlag, Paderborn 1995

Klaus Grochowiak: Das NLP-Master-Handbuch. Erlernen Sie NLP auf Master-Niveau. Junfermann-Verlag, Paderborn 1999

Marilyne Woodsmall/Wyatt Woodsmall: Auf dem Weg zu exzellenter Kommunikation. Junfermann-Verlag, Paderborn 1998

Körpersprache

Samy Molcho: Körpersprache. Goldmann-Verlag, München 1996

Methoden der Beeinflussung, soziale Phänomene

Robert-Vincent Joule, Jean-Leon Beauvois: Kurzer Leitfaden der Manipulation zum Gebrauch für ehrbare Leute. Aufbau-Verlag, Berlin 1998

Andreas Edmüller/Thomas Wilhelm: Manipulationstechniken. STS-Verlag, Planegg

Rhetorik

Nikolaus B. Enkelmann: Überzeugen, aber wie? Rhetorik. Abc der Beeinflussungskunst. Panorama Verlag, Wiesbaden

Bewerbung und Persönlichkeitsberatung

Flavian Kurth: Erfolgreiches Selbst-Marketing. Ein Ratgeber für Arbeitslose und alle, die es nicht werden wollen. Smart Books

Fritz Borter: Überzeugen Sie durch Ihre Persönlichkeit. Ein Verhaltensmodell, das Ihnen den Umgang mit sich selbst und anderen etwas leichter macht. Collioure, France

Thomas A. Harris: Ich bin o.k. Du bist auch o.k. Einführung in die Transaktionsanalyse. Wunderlich im Rowohlt, Reinbek 2001

Wolfgang Schur/Günter Weick: Wahnsinnskarriere. Eichborn, Frankfurt am Main 1999; Heyne, München 2001

Internetlinks

www.verhandlungspower.de
Die Seite der Autoren dieses Buches, Jochen Sommer und Jochen Maigatter.

www.nlp.de
Diese Seite bietet einen umfassenden Überblick über NLP in Deutschland.

Register

Im FALKEN Verlag sind weitere Titel zum Thema „Bewerbung/Beruf/Karriere“ erschienen. Sie sind überall erhältlich, wo es Bücher gibt.

Sie finden uns im Internet: **www.falken.de**

Dieses Buch wurde auf chlorfrei gebleichtem und säurefreiem Papier gedruckt.

Der Text dieses Buches entspricht den Regeln der neuen deutschen Rechtschreibung.

Dank

Susanne Maigatter, Detlef Schmidt und Annette Sommer haben bei der Erstellung dieses Buches maßgeblich mitgewirkt, sodass Ihnen an dieser Stelle unser ausdrücklicher Dank gilt.

Jochen Sommer und Jochen Maigatter

ISBN 3 8068 2822 9

Umschlaggestaltung: Rincón² Design & Produktion GmbH, Köln
Redaktion: Dr. Rainer Lorenz, Kassel
Koordination: Dr. Werner Brand
Herstellung: Sandra Krumpholz

Satz: FROMM MediaDesign GmbH, Selters/Ts.
Druck: Ludwig Auer GmbH, Donauwörth

817 2635 4453 6271

So kommen Sie weiter

Cynthia Becker,
Dr. Petra Begemann,
Elke Eßmann,
Gerald Lembke,
Andrea Nasemann,
Susanne Widrat
Kursbuch Job
Erfolgreich durch den Arbeitsalltag
192 Seiten
ISBN 3-8068-**2698**-6

Erfolg im Beruf kann an einfachen Stolpersteinen stocken. Wie Sie verschiedene Hindernisse umgehen und Herausforderungen mit Bravour meistern, erfahren Sie in diesem Reader. Die Kapitel sind unabhängig voneinander geschrieben und nehmen jeweils ein Problem aus dem Berufsalltag ins Visier.

FALKEN